아이 사육 시대에
잃어버린 아이학 이야기

아이 사육 시대에 잃어버린 아이학 이야기

훌륭하지 않아도 되는 양육·교육의 세계

초 판 1쇄 2024년 10월 23일
초 판 2쇄 2024년 11월 12일

지은이 현정환
펴낸이 류종렬

펴낸곳 미다스북스
본부장 임종익
편집장 이다경, 김가영
디자인 임인영, 윤가희
책임진행 김요섭, 이예나, 안채원, 김은진, 장민주

등록 2001년 3월 21일 제2001-000040호
주소 서울시 마포구 양화로 133 서교타워 711호
전화 02) 322-7802~3
팩스 02) 6007-1845
블로그 http://blog.naver.com/midasbooks
전자주소 midasbooks@hanmail.net
페이스북 https://www.facebook.com/midasbooks425
인스타그램 https://www.instagram.com/midasbooks

ISBN 979-11-6910-864-5 03370

값 17,000원

아이 사육 시대에 잃어버린 아이학 이야기

훌륭하지 않아도 되는 양육·교육의 세계

행복학
사랑학
성공학
공부학
존중학
세상학
신뢰학
안전학

현정환 지음

미다스북스

1장

아이 행복학

2장

아이 사랑학

3장

아이 성공학

4장

아이 공부학

5장

아이 존중학

6장

아이 세상학

7장

아이 신뢰학

8장

아이 안전학

들어가면서

미국 플로리다 해안에는 때가 되면 수많은 바다거북이 바다에서 해변으로 올라와 건조한 해안의 모래를 파서 그 속에 알을 낳고는 사라집니다. 그로부터 두 달이 지나면 깊은 밤중에 모래 속에 파묻혀 있던 알에서 새끼거북이 껍질을 부수고 밖으로 나옵니다. 새끼 바다거북은 온 힘을 다해 손발을 움직여가며 바다로 향합니다.

그런데 바다로 향하는 과정에서 많은 새끼 바다거북은 새의 먹이가 되기도 하면서 희생이 따릅니다. 새끼 거북은 살아남기 위해 필사적으로 바다를 향해 전력 질주합니다. 그 모습은 한마디로 '장엄(莊嚴)' 그 자체입니다.

근래 들어 새끼 바다거북의 모습에서 생태학적으로 이해할 수 없는 현상이 관찰되고 있습니다. 그것은 새끼 거북들이 이제 물이 있는 바다로 향하지 않고, 바다와는 거리가 먼 거대한 트럭이 질주하는 아스팔트 위를 손발로 파닥거리며 이동한다는 것입니다. 이 행위는 한마디로 거북의 자살 행위과 같습니다. 아스팔트 위를 달리는 트럭의 바퀴에 가루가 되어버리는 운명을 면할 수 없기 때문입니다.

그렇다면 여기에 의문이 생깁니다.

왜 새끼 거북은 이런 어리석은 행동을 하는 것일까요? 왜 안전한 바다 쪽으로 가지 않고 자살 행위와 다름없는 아스팔트 쪽으로 가는 것일까요? 플로리다 주민과 생태학자들이 알아낸 가설은 이런 거였습니다.

알에서 부화한 새끼 거북은 본능적으로 불빛이 있는 쪽으로 가도록 진화되어 왔다는 사실입니다. 이런 이동방식은 거북이로서는 몇백만 년의 생존 역사에서 가장 효과적인 전략으로 자리 잡으며 이어졌습니다. 옛날에는 짙은 어둠으로 가득한 해안에서 볼 수 있는 불빛은 해면에 반사되는 달빛이나 별빛밖에 없었습니다. 그 빛 덕분에 새끼 거북은 생존환경이 적합한 바다로 갈 수 있었습니다.

그런데 몇백 만 년 동안 이어져 온 거북의 이런 생존전략에 이변이 발생합니다. 그 시점은 해안 반대편 가옥의 불빛과 네온사인으로 번뜩이는 호텔이 들어서서부터였습니다. 이때부터 알에서 부화한 새끼 거북은 가장 밝은 불빛 있는 쪽으로 향하면서 아스팔트 위를 달리는 차바퀴에 가루처럼 사라지는 운명이 된 것입니다.

바다거북은 선조로부터 물려받은 가장 합리적이고 어렵지 않은 신호의 도움을 받아 바다로 갈 수 있었습니다. 그런데 현대 문명사회가 만든 불빛으로 인해 거북은 이제 바다가 아닌 죽음이 기다리는 곳으로 이동하게 된 것입니다.

이 모습은 오늘날 우리의 육아나 교육의 모습과도 너무 흡사하다고 생각합니다. 오늘날 부모가 실천하기 힘든 양육 매뉴얼이 존재합니다. 아이의 행복이나 살아가는 힘과는 너무 동떨어진 관념론적이고 낭만적인 양육론과 교육론도 실재합니다. 완벽한 안전과 위생에 대한 집착도 있습니다.

현대 인류의 선조, 호모 사피엔스(Homo sapiens)의 출현은 약 10~20만 년 전으로 보고 있습니다. 그런데 현대 문명이 만든 지식, 즉 태교, 애착 이론, 지능발달, 발달 장애, 양육과 교육론, 안전과 위생 문제 등에 관한 이야기는 아무리 길어도 고작 100년도 채 되지 않습니다. 그러니까 과거 199,900년 동안의 육아론은 매우 단순했습니다.

아마 육아에 대한 선인들의 관심 주제는 '오늘도 잠은 잘 잤는지.', '밥은 제대로 잘 먹었는지.' 정도로 충분했는지도 모릅니다. 아이들은 놀다 보면 다치기도 하고, 또래들과 다투면서 친구를 만들어나간다고 생각했습니다. 아이가 예의 없이 행동하거나 말을 듣지 않으면 호통을 치고 거침없이 회초리를 드는 부모나 선생님의 행위는 아이가 미워서가 아니라, 그 마음에는 "고난과 역경이 많은 험난한 세상에서 강한 인간으로 잘 살아갔으면 좋겠다."라는 간절함에서 나오는 것으로 생각했을 것입니다.

인류의 역사는 선인들의 이런 영지(英智) 덕택에 수렵사회에서 농경사회로 전환하여 더욱 효과적인 생존전략을 선택할 수 있었습니다. 그리고 이후 근대 산업사회의 발전을 거쳐 현대 사회의 편리함과 풍요로움이라고 하는 혜택을 누리고 있습니다. 그러니까 현대 문명은 어느 날 갑자기 탄생한 것이 아니라, 과거 199,900년 동안 선인들의 축적된 이런 노력과 지혜의 산물이라고 할 수 있습니다.

스페인 철학자 오르테가는 인류가 현대 문명을 탄생시키고 사회 질서를 유지할 수 있었던 배경은 '살아있는 고인(故人)'과 함께 걸어왔기 때문이라고 보았습니다. 고고학에서도 인류 문명 발전의 배경에는 조상의 가르침을 소중히 여겼기 때문이라고 분석합니다.

사실 "조상의 경험으로부터 획득한 지식은 미래의 소중한 자산이 된다."는 인식은 초기 인류의 기본 사상이었습니다. 사냥을 능숙하게 잘하는 아버지의 모습을 보면서 성장한 아들은 아버지가 죽은 후, 아버지를 조상신으로 모시고는 이렇게 기도했습니다.

"아버지."

"우리 가족을 먹여 살릴 수 있도록 저도 사냥을 잘할 수 있도록 해주세요."

물론 현대인은 자연과 인간을 해부학적으로 분석하고, 고도의 지성을 발휘하여 선인들보다 더욱 편리하고 풍요로운 삶을 소유하고 있는 것은 사실입니다. 그러나 이 때문에 아이는 '살아가는 힘'의 박탈이라고 하는 절대 가볍지 않은 대가를 치르고 있다는 사실도 부정할 수 없습니다. 이 현실은 마치 문명사회의 불빛으로 인해 바다거북을 죽음으로 내몰고 있는 상황과 본질에서 크게 다르지 않다고 생각합니다.

우리의 전통적 양육과 교육방식은 선조로부터 물려받은 가장 합리적이고 어렵지 않은 방식이었습니다. 그러나 현대 문명이 만든 지식은 매우 어렵고 복잡한 방식을 부모에게 요구하고 있습니다. 선인(先人)들은 "그렇게 해서는 안 된다"고 말하고 있지만, 우리는 "시대가 변하였고, 전문가나 다수가 지지하고 있으니 옳다"고 하면서 선인들의 영지(英智)를 무시해 버리고 있습니다.

물론 시대의 흐름에 따라 받아들여야 하는 변화도 있겠지만, 인간의 생존전략과 진정한 행복을 위해서는 양보할 수 없는 방식은 엄연히 존재한다고 생각합니다. 100년 전의 아이와 지금의 아이는 본질적으로 다르지 않습니다. 그리고 한국 아이나 미국 아이나 모두 발달이나 정신 건강에 미치는 중요한 요인도 크게 다르지 않습니다.

'아이'라는 존재는 시대와 문화를 초월해서 생존과 적응에 필요한 환경이나 경험은 크게 다르지 않습니다. 그럼에도 우리는 지금은 옛날과 달라서 지금의 방식으로 아이를 양육해야 한다고 말합니다. 그러나 사실 그런 생각은 따지고 보면 '아이'보다는 문화적 가치나 자신의 욕구를 우선시하는 극히 어른 중심의 가치관입니다.

이런 사람은 "아이가 바람직하게 성장하길 원한다."라는 말을 아무런 의구심 없이 당당하게 사용합니다. 조금 논리적으로 사고를 하는 사람이라고 한다면 이 말이 좀 이상하다는 걸 알아차릴 수 있습니다. '바람직하게'의 판단의 주체는 아이가 되어야 하지만, 그 판단도 '원한다.'라고 생각하는 어른이 하고 있습니다. "아이에게 과연 바람직하게란 무엇인가?"에 대한 고민이 필요한 문장입니다. 그렇지 않으면 이 문장은 "어른이 바람직하다고 생각하는 방향으로 아이가 성장하길 원하다."는 말이 되어 버립니다. 그러면 거기에는 시대와 문화가 요구하는 아이의 모습만 그려지게 될 뿐입니다.

우리 사회는 선인의 지혜를 망각한 지 오래됩니다. 선인들의 단순하고 평범한 양육이나 교육법은 오늘날 비범한 양육이나 교육법보다 훨씬 가치가 있는 것이지만, 그 가치를 모르는 현대인은 실체가 없는 아이에 대한 불안이나 스트레스를 스스로 창조하여 괴로워하고 있습니다. 비범한 육아법이나 교육법의 역습에 대한 경계심이 둔감해진 현대인은 정작 자기 자신이 아이에게서 '살아가는 힘'을 박탈해버리고 있는 장본인임을 모르고 있는 것 같습니다.

본서는 아이에게 '바람직하게'란, 과연 무엇인가를 고민하여 보았습니다. 이 고민을 통해 시대와 문화에 사육화되어가고 있는 아이에게 아이의 본질을 돌려주고, 살아가는 힘이 회복되었으면 하는 바람이 있습니다.

물론 인간은 사회 속에 고립되어서는 살 수 없는 존재입니다. 때문에 그 사회가 요구하는 문화를 받아들이고 이에 적응해나가야 하는 숙명은 피할 수 없습니다. 그러나 동시에 인간은 바람직한 문화는 받아들이면서 더욱 발전시켜나가고, 바람직하지 않는 문화는 바람직한 방향으로 변화시켜나가야 하는 책임 또한 있다고 생각합니다. 그런데 현대 양육과 교육의 불빛이 너무 강하면 아이들은 새끼 바다거북처럼 안타까운 길로 갈 수도 있습니다.

본서는 이에 대한 고민을 하면서 총 8장으로 그 내용을 다음과 같이 구성해보았습니다. (제1장) 아이에게 있어 행복이란?(아이 행복학), (제2장) 아이가 원하는 사랑이란?(아이 사랑학), (제3장) 아이를 성공의 길로 인도하고 싶다면?(아이 성공학), (제4장) 아이의 공부에 대해 욕심이 있다면?(아이 공부학), (제5장) 아이가 원하는 존중이란?(아이 존중학), (제6장) 아이가 지혜롭게 세상을 살아가는 방법은?(아이 세상학). (제7장) 아이를 신뢰한다는 것은?(아이 신뢰학). (제8장) 아이에게 필요한 안전학이란?(아이 안전학)

이 이야기들은 모두 아동 심리나 발달 연구, 정신건강, 행동유전학, 뇌과학, 문화인류학 등, 다양한 영역에서 이루어진 연구결과의 도움을 받았습니다. 이에 근거하여 아이에게 바람직한 양육이나 교육이란 무엇인가에 대해 고민하여 보았습니다.

각 장의 제목은 '~ 학'이라는 학술적 용어처럼 표현되어 있지만, 단지 해당 장의 전체 내용에 대한 함축적인 의미를 담고자 이런 용어를 사용하였을 뿐입니다. 그 내용은 학문 서적처럼 전문용어로 복잡하게 설명하지는 않았습니다.

자~, 이제부터 아이가 원하는 아이가 되기 위한 아이들의 제안서를 들여다 보겠습니다.

1장

아이 행복학

"행복은 명사도 동사도 아니다. 그것은 접속사다."
- 페터슨 (Peterson, C) -

행복의 척도는?

'행복'이라는 주제는 누구나 관심이 많습니다. 모두 행복해지고 싶은 마음이 간절하기 때문일 것입니다. 하지만 행복을 꿈꾸지만, 행복은 사막의 신기루처럼 좀처럼 우리 곁에 다가오지 않는 것 같습니다. 그래서 어떤 철학자는 "행복해지려고 하는 것은 등을 펴는 것과 다름없는 무의미 시도이다."라고 말했는지도 모르겠습니다.

대개 행복의 척도로 부(富)의 개념을 사용합니다. 이 개념에서 보면 부자는 행복하고, 가난한 사람은 불행하다는 이야기가 됩니다. 그러나 반드시 그렇지 않다는 걸 우리는 잘 알고 있습니다. 노벨 경제학상을 수상한 미국의 프린스턴 대학의 대니얼 카너먼 교수(Daniel, K.)는 '부와 행복'의 관련성에 관한 연구에서 이런 결과를 내놓고 있습니다. "연봉이 7만 5천 달러(약 1억 원)까지는 감정적인 행복감이 수입에 비례해서 증가하지만, 그것을 넘어서면 행복감은 한계점에 달한다." 일본 오사카 대학의 행동경제학 연구팀도 행복감과 수입의 관계를 조사한 결과, 연봉이 1500만 엔(약 1억 4천만 원)을 넘어서면 오히려 행복감은 떨어진다는 연구 결과를 내놓고 있습니다.

그런데 돈이 많으면 여가도 즐기면서 더 풍요로운 생활을 할 수 있지만, (감정적인)행복감이 더는 올라가지 않는 이유는 무엇일까요? 전문가들의 설명은 이렇습니다. 돈이 많으면 그에 맞는 수준의 생활을 하게 되고, 그렇게 되면 그것을 유지해나가야 하는 부담감, 그리고 혹시 수입이 떨어져 이런 생활을 유지할 수 없으면 어떡하지, 라고 하는 불안감을 느끼게 되기 때문이라고 봅니다.

뇌과학에서도 보면 인간은 한번 손에 넣은 것을 잃는 것에 대해서는 본능적으로 강한 고통을 느끼게 된다고 설명합니다. 그리고 매년 높은 수입을 유지하기 위해서는 그만큼의 노력이나 성과를 올려야 합니다. 그러면 당연히 가족과 함께 할 수 있는 시간이나 건강 유지, 그리고 여유를 즐길 수 있는 시간은 줄어들 수밖에 없습니다. 이로 인해 정신적 스트레스도 따릅니다. 이렇게 보면 부(富)와 행복감은 비례할 수 없다는 것은 자명한 것 같습니다.

세상에 행복에 관한 이야기나 책은 많습니다. 이 가운데 이스라엘의 역사학자 '유발 노아 하라리(Yuval, N. H.)[1]'의 저서 『사피엔스 –문명의 구조와 인류의 행복』에 이런 내용이 나옵니다.

> "행복은 결국 객관적인 조건과 주관적인 기대와의 상관관계에 의해 결정된다. 이 때문에 가진 것에 만족하는 것이 갖고 싶은 것을 더 많이 소유하는 것보다 훨씬 중요하다. 이러한 사실은 몇천 년 전의 예언자나 시인, 철학자만이 아니라, 오늘날의 연구도 같은 결론을 내리고 있다."

그렇다면 어른들처럼 객관적인 조건과 주관적인 기대의 개념이 그렇게 중요하지 않은 아이의 행복은 어디에서 찾을 수 있을까요? 사실 소유와 명예의 개념이 약한 아이들이 느끼는 행복은 인간이 추구하는 행복의 본질이기도 합니다. 이런 관점에서 행복에 대해 생각한다면 다음 글귀가 필자의 마음에 더 와닿습니다.

> "가족과 커뮤니티는 부(富)나 건강보다 행복에 미치는 영향이 크다. 가난하고 병마에 시달리는 사람일지라도 애정 많은 배우자나 헌신적인 가족, 그리고 그의 주위에 따뜻한 커뮤니티가 있다고 한다면 그 사람은 고독한 억만장자보다 행복하다."

행복은 접속사다!

"도대체 이 지구상에 인간의 행복은 어디에 존재하는가?"

이 단순 명쾌한 질문을 던진 사람은 미국의 '와이너(Weiner, E.)'라는 사람입니다. 그는 행복을 과학적으로 연구하는 심리학자도, 행복의 본질을 따지는 철학자도 아닙니다. 그의 직업은 미국 공영 라디오 방송국 소속의 기자입니다.

그의 행복론은 "도대체 이 지구상에 인간의 행복은 어디에 존재하는가?"라는 질문에서 시작합니다. 그는 이 질문에 대한 답을 얻기 위해 1년간에 걸쳐 이 지구상에 행복한 나라로 알려진 부탄, 카타르, 아이슬란드, 덴마크 등의 나라를 방문합니다. 반대로 행복하지 않은 나라로 알려진 곳도 찾아다녔습니다. 그의 여행 목적은 관광이 아니라, 행복을 찾기 위해

그곳 사람들을 최대한 많이 만나서 그들과 이야기를 나누고, 그들의 일상을 들여다보는 것입니다.

그는 그 지역의 사람들과 나눈 이야기, 그리고 그들의 생활상을 섬세하게 관찰, 기록하여 이후 하나의 책[2]으로 출간하게 됩니다. 이 책은 세계적으로 유명한 베스트셀러가 되어 널리 읽힙니다. 그는 책의 마지막 부분에 이런 문구로 끝을 맺습니다.

"인간의 행복은 그 어떤 것일지라도 타인의 존재와 완전히 연결되어 있다. 가족, 친구, 이웃, 그리고 직장의 청소부 등, 평소 거의 신경 쓰고 있지 않은 사람들과의 관계도 필요불가결하다. 행복은 명사도 동사도 아니다. 그것은 접속사다."

『행복만이 인생인가?』를 저술한 페터슨(Peterson, C.)도 그의 저서[3]에서 행복에 대해 이렇게 말하고 있습니다.

"지구상에 존재하는 행복한 장소는 인간의 내면에 있는 것도, 지리적인 장소에 있는 것도 아니다. 그것은 나와 당신 사이에 존재하고 있다."

인간의 신체에는 오감(五感), 즉 시각, 후각, 청각, 미각, 촉각이라는 감각기관이 있습니다. 그런데 흥미로운 것은 외부의 자극을 수용할 수 있는 이런 감각기관은 있지만, 감정(感情)을 담당하는 기관은 없습니다. 인간은 '희로애락(喜怒哀樂)' 이외도 다양한 감정을 느끼고 있지만, 그것을 담당하는 전담 기관이 신체에는 없습니다. 그렇다면 기쁨이나 슬픔 등의 감정을 담당하는 부분은 어디에 있을까요? 물론 이 질문은 '마음은 어디에 있는가?'에 대한 질문이기도 합니다.

이 질문에 대해 심리학적으로 대답하면 정보를 처리하는 신체 기관은 뇌이며, 그러기에 감정의 탄생도 뇌라고도 말할 수 있습니다. 그런데 가만히 생각해봅시다. '기쁘다', '슬프다'라는 감정의 세계는 인지의 세계와 달리 타인이 존재합니다. 즉 감정이라는 심리 현상은 혼자만의 세계에서는 발생하기 어렵습니다. 우리는 타인과의 관계 속에서 '즐거웠다', '슬프다' 등의 감정을 느끼고 있습니다. 영국의 철학자 피터 스트로슨(Peter, S.)[4]은 인간의 분노, 증오심, 멸시, 그리고 감사와 존경도 인간 특유의 공동체 연대 속에서 느끼는 마음이라고 말하고 있습니다.

만일 당신의 집 앞에 놓아두었던 쓰레기봉투를 옆집 사람이 일부러 쓰레기를 끄집어내 문 앞에 흩트려 놓았다면 당신은 그 이웃 사람에 대해 분노를 느끼게 될 것입니다. 그런데 만일 옆집의 강아지가 그렇게 했다면 당신이 느끼는 분노의 대상은 강아지일까요? 아마 강아지를 제대로 관리 못하고 있다는 생각에 그 강아지의 주인에 대해 분노의 감정을 느끼게 됩니다. 만일 강한 바람으로 인해 집 앞에 세워두었던 쓰레기봉투가 넘어지면서 쓰레기가 흩뜨려졌다면 당신은 바람에 대해 분노를 느끼지는 않을 것입니다. 아마 당신은 '오늘 바람 정말 세구나. 비가 오려나?' 정도로 생각하며 그냥 넘어갈지도 모릅니다.

반대로 당신의 집 앞에 버려져 있는 쓰레기를 옆집 사람이 치워주었다면 당신은 그 사람에게 고마움의 마음을 느끼게 것입니다. 그러나 강한 바람이 불어서 쓰레기가 날아가 버렸다면 당신은 그 바람에 고마움의 마음을 느끼지는 않을 것입니다.

인간이 미워하기도 하고, 분노의 감정을 느끼기도 하고, 존경의 마음을 갖기도 하고, 감사의 마음을 갖기도 하는 대상은 언제나 인간입니다. 인간이 존재하기에 인간은 감정을 느낍니다. 요리사가 행복해하는 이유는 자신의 요리를 맛있게 먹어주는 손님이 있기 때문입니다. 구두 수선공의 행복은 수선비용으로 받은 돈에서 탄생하는 것이 아니라, 잘 고쳐진 구두를 신으며 좋아하는 손님의 만족스러운 표정에서 나올 것입니다.

행복도 마찬가지입니다. 행복은 그 사람의 마음속에서 고독하게 자연 발생적으로 탄생하는 것이 아니라, 타인과의 사이에서 느껴지는 감정입니다. 물론 인간에 대해 불신으로 가득한 사람은 혼자만의 시간을 통해 행복을 느낄 수 있다고 말할 수 있을지도 모릅니다. 그러나 아이들의 행복은 영국의 철학자 피터 스트로슨이 말한 것처럼 '반응적 태도(reactive attitude)'와 같다고 할 수 있습니다.

이런 생각은 건축학의 세계에서도 그대로 적용되고 있습니다. 건축학에서도 타인과의 사이에서 느끼는 행복을 극대화하기 위해 상호 교류가 쉬운 실내 구조물을 고안하기도 합니다. 세계적으로 유명한 건축가 아렉센더 박사라는 사람이 있습니다. 그는 케임브리지 대학에서 수학과 건축학을 공부한 후, 하버드 대학에서 건축학 박사학위를 취득한 자입니다. 그의 저서는 아직도 건축 디자인 분야에서만이 아니라, 여러 학술 분야에 큰 영향을 미치고 있습니다. 건축가로서의 그의 철학은 다음과 같습니다.[5]

> "타인과의 접촉은 인간의 보편적 욕구이며, 행복에 있어 필요불가결하다. 인간은 타인과의 친밀한 교류가 있는 경우에만 건강하며, 행복해질 수 있다."

철학자, 심리학자, 역사학자, 문화 인류학자, 건축학자 등의 행복론은 결국 다음 결론에 도달하는 것 같습니다.

"행복은 나와 당신 사이에 존재한다."

아이의 행복은 어디에서 탄생하는가?

'행복'이라는 감정은 바이러스처럼 그 전파력이 대단해서 한 인간의 행복은 함께하는 다른 인간으로까지 전달되는 '사회적 행복한 감정의 공유'라고 하는 현상이 나타납니다. 이런 연쇄적 반응을 통한 행복의 감염 현상은 그림처럼 아이들에게도 '사회행복론의 모델'을 탄생시킵니다.

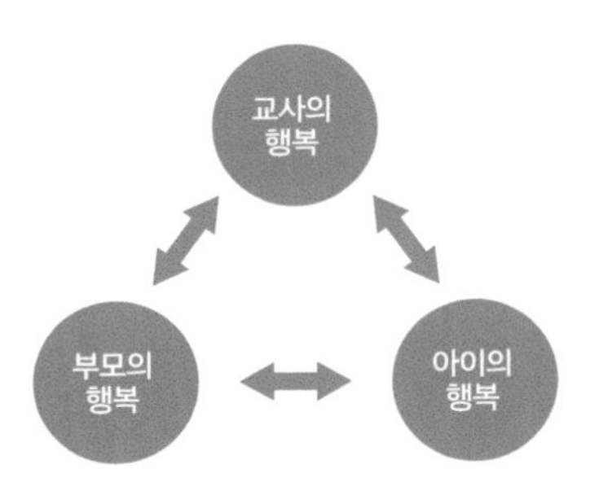

사회행복론의 모델

이 사회 행복론 모델 이론에 따르면, 만일 양육과 교육 목표가 아이의 행복에 있다고 한다면 "아이와 함께하는 자들의 행복도 중요하다."라는 결론에 이르게 됩니다. 함께하는 자가 불행한데도 자기 혼자만 행복해지는 것은 이론적으로 있을 수가 없습니다. 그래서 혹자(或者)는 이런 말을 했습니다.

"자신이 행복해지는 것은 권리이지만, 타인을 행복하게 하는 것은 의무이다!"

원고를 쓰다가 벌써 자정이 훨씬 넘었습니다. 필자는 잠시 머리도 식힐 겸, TV(일본 NHK 유선방송)를 켰습니다. TV 화면의 상단 가장자리에 '일본에 사는 네팔 노동자의 어린이들'이라는 제목의 글이 떠 있었습니다.

내용은 만 10살 되는 네팔의 여자아이(이름은 '구사') 이야기가 중심입니다. 부모는 구사가 어릴 때 (구사) 할머니에게 양육을 맡기고 돈을 벌기 위해 일본으로 왔습니다. 이후 일본에서의 생활이 어느 정도 안정이 되자, 부모는 딸을 일본으로 데리고 와서 함께 살게 됩니다.

그러나 구사는 일본에서의 생활이 마냥 즐겁지만은 않습니다. 네팔의 시골 산골 마을의 불편한 생활보다 현대 문명의 편리함이나 풍요로움으로 가득한 일본 동경 생활을 더 거북스럽게 느낍니다.

엄마는 딸의 이런 모습을 보면서 그동안 함께하지 못한 시간을 되돌리고 싶은 마음에서 잠자리의 이불 속에서 구사와 이런저런 이야기를 해봅니다. 그러나 구사의 표정은 무료함으로 가득합니다. 네팔에 있을 때, 그토록 보고 싶었고, 함께하고 싶었던 엄마가 지금 옆에 있지만, 구사의 표정은 굳어 있습니다. 이날 밤, 구사는 이불 속에서 엄마에게 이렇게 속삭입니다.

"엄마, 네팔로 돌아가고 싶어."

엄마는 딸의 말에 당황합니다. 이후 엄마는 딸과 가까워지려고 더욱 노력해보지만, 네팔로 돌아가고 싶은 딸의 마음을 돌리지 못합니다. 네팔에서는 비탈진 위험한 산속 길을 힘겹

게 걸어서 학교에 가야 했지만, 동경에서는 버스가 학교로 데려다주는 편리함이 있었습니다. 그러나 그건 구사에게는 중요하지 않았던 거 같습니다.

동경에서는 버튼 하나로 밥을 지어 먹을 수 있는 편리함이 있지만, 구사는 네팔 할머니가 장작으로 불을 피워 연기를 마셔가며 밥을 지어주는 걸 그리워하고 있었습니다. 문명의 편리함이나 풍요로움은 구사에게 중요하지 않았습니다. 화려한 네온사인의 불빛 아래 비친 동경 밤의 찬란함은 네팔의 밤하늘을 수놓은 은하수보다는 못했습니다. 구사는 결국 엄마, 아빠 곁을 떠나 네팔로 돌아갑니다.

구사에게는 '엄마, 아빠'라는 '명사'가 중요한 게 아니라, '엄마와의 사이', '아빠와의 사이'라고 하는 '사이'라는 접속사가 중요했던 거 같습니다. 물론 동경에서 '엄마와 함께, 아빠와 함께' 하는 시간이 있었지만, 엄마도 아빠도 매일 직장을 다녀야 했기에 '구사와 함께' 하는 시간이 그리 많지 않았습니다.

하지만 네팔에선 언제나 '친구와 함께' 할 수 있었고, '할머니, 할아버지와 함께' 할 수 있었습니다. 구사는 일본에서 엄마, 아빠와 함께하면서도 '친구와의 사이', '할머니, 할아버지와의 사이'에서 느꼈던 '작은 행복'을 그리워했습니다.

구사는 그 행복을 찾아서 다시 네팔로 돌아갑니다. 방송의 마지막 영상에는 친구들과 함께 노래 부르고 춤을 추는 구사의 모습, 그리고 가방을 등에 메고 산속 길을 뜀박질하면서 집으로 가는 구사의 미소 띤 얼굴로 가득합니다.

아이의 행복은 어디에 존재할까요?

아이의 진정한 행복은 '장난감 사이'에 있는 것은 아닌 것 같습니다. '엄마, 아빠와의 사이', '선생님과의 사이', '친구와의 사이'에 있는 것 같습니다.

그런데 만일 그 사이가 '긴장이나 조심스러운 사이'라고 한다면 그것은 분명히 '아이의 행복'을 희생 제물로 삼고 있을 가능성이 큽니다.

2장

아이 사랑학

"사랑의 효과는 금지와 알맞게 나눠진 분량에 지나지 않는다."
- 일본 심리학자, 곤도 탁구(近藤卓) -

사랑의 주인공은 받는 자이다

『사랑의 기술』의 저자, 에릭 프롬(Erich, F.)[1]은 "사랑은 어떻게 하면 상대방으로부터 사랑을 받을 수 있는가."의 문제가 아니라, "어떻게 하면 상대방을 사랑할 수 있을 것인가."의 문제라고 보았습니다.

그러나 심리학적으로 보면 에릭 프롬의 이 말은 동의하기 어렵습니다. "어떻게 하면 상대방을 사랑할 수 있을 것인가."라는 문제보다 더 중요한 게 있습니다. 그것은 "어떻게 하면 상대방이 사랑을 받고 있다는 것을 느끼게 할 수 있을까."의 문제라고 생각합니다. '사랑의 효능'은 사랑받고 있는 자에게서 나타나는 현상이기 때문입니다. 그러기에 사랑에 대한 판단 주체는 사랑의 제공자가 아니라, 사랑의 수용자가 되어야 합니다.

재미있는 실험[2] 하나를 소개하겠습니다. 2011년 하버드 대학 프란체스카 지노(Francesca, G.) 교수와 스탠퍼드 대학의 후린(Flynn, F. J.) 교수의 공동연구입니다. 실험대상자는 90명. 이들을 두 그룹으로 나누었습니다. 한 그룹은 선물을 주는 역할, 한 그룹은 받는 역할을 설정했습니다. 그리고 나서 선물을 받는 역할자에게 이런 부탁을 했습니다.

"당신이 아마존(사이트)에 들어가서 받고 싶은 선물 리스트를 작성해주세요. 단 가격은 10~30달러로 해주세요."

한편, 선물을 보내는 역할자에게는 이런 부탁을 했습니다.

"상대편에게 보낼 선물 리스트를 작성해주세요. 단 상대방의 리스트에서 선물을 선택해도 좋습니다."

자~ 어떤 결과가 나왔을까요? 선물을 보내는 측의 사람들은 선물 선택을 상대방의 선물 리스트에서 선택하기보다는 자신이 좋아하는 선물을 선택했습니다. 자신의 마음이 담긴 선물을 주면 아마 상대방이 좋아하게 될 것이라고 믿고 있었던 거 같습니다. 그러나 그들의 판단은 틀렸습니다. 그 증거로 선물을 받는 측 사람들은 자신이 만든 선물 리스트의 선물을 받길 더 원했습니다.

그렇다면 왜 이런 현상이 나타나는 것일까요?

그 이유는 인간의 사고는 좀처럼 자기 생각 틀에서 벗어나지 못하기 때문입니다. 선물을 보내는 측은 자신이 그것을 받았을 때의 기분을 상상할 뿐입니다. 그래서 무의식적으로 자신이 좋아하는 것을 선물로 보내려고 한 것입니다. 그러나 그 선물은 받는 측이 기대하는 선물은 아니었습니다.

만일 오늘 저녁, 사랑하는 연인과 식사하면서 프러포즈를 하고 싶다면 자신이 좋아하는 식사가 아니라, 상대방이 좋아하는 식사를 고민해야 할 것입니다. 상대방에게 사랑받고 싶다면 "사랑의 주도권은 언제나 '베푸는 자'에게 있는 게 아니라, '받는 자'에게 있다."라는 감각을 유지하는 게 중요합니다.

'아이 사랑학'은 부모가 생각하는 '아이 사랑'이 아니라, 아이가 원하는 '아이 사랑'이 무엇인가를 말합니다. 본 장은 이에 대해 이야기하고자 합니다.

꽃은 왜 아름다운가요?

그런데 사랑의 탄생 공식은 그렇게 단순하지 않은 것 같습니다. 부모는 아이가 원하는 사랑을 하고 있다고 생각하지만, 아이는 왜 그 사랑을 느끼지 못하는 것일까요? 이 질문에 대한 대답은 "꽃은 왜 아름다운가?"에 대한 고민이 힌트가 됩니다.

왜 우리는 꽃을 보게 되면 '아름답다'라는 감정을 느끼게 될까요?

이 질문은 필자가 가끔 '심리학' 수업 때, 학생들에게 던지는 질문입니다. 학생들은 이 당연한 이야기가 어떻게 질문이 될 수 있는지, 의아하게 생각하는 듯한 표정을 짓습니다. '아름다움'을 느끼게 하는 감정의 본질은 '아름다움'이 사라지는 시간이 존재하기 때문입니다. 그러기에 사람들은 봄이 되면 한순간의 아름다움을 눈에 담기 위해 다른 일 다 제쳐놓고 벚꽃 구경하러 가기도 합니다. 만일 당신이 '아름답다'는 감정을 느끼게 하는 그 꽃이 매년 1년 365일 그 모습 그대로라고 한다면 당신은 그 꽃을 보면서 '아름답다'라는 감정을 느끼게 될까요? 아마 당신은 '아름답다'라고 하는 감정을 느끼기보다는 도대체 저렇게 생긴 꽃의 이름은 무얼까, 라는 궁금증에 인터넷 정보 검색으로 끝날지도 모릅니다.

지금 당신의 눈앞에 저 멀리 아름다운 꽃이 피어 있는 화분이 보입니다. 아마 당신은 화분 가까이 다가가서 그 꽃의 아름다움을 감상하고 싶을 것입니다. 그리고 꽃의 향기도 맡고 싶다는 생각이 들지도 모릅니다. 그런데 화분 가까이 가 보니 그 아름다운 꽃의 실체는 조화(造花)였습니다. 그러면 당신은 그 꽃을 보며 과연 "와~예쁘다!"라는 감정을 느끼며 감탄하게 될까요? 만일 당신이 그 꽃에 감탄하게 된다면 그것은 '아름다움'에 대한 감탄이 아니라, "와~ 대단하다! 어쩜

저렇게 생화처럼 똑같이 만들었지?"라고 하는 기술에 대한 감탄일 것입니다.

2020년 연초부터 중국에서 시작된 '코로나 19'라고 하는 바이러스가 온 세계로 확산하면서 세계 각국은 해외 여행객의 입국을 제한하는 등, 나라의 빗장을 걸었습니다. 우리나라도 예외가 아니었습니다. '사회적 거리 두기'라는 신조어가 등장하면서 사람들을 가능한 집 안에 머물게 했습니다. 모든 평범한 일상이 무너졌습니다.

필자도 이런 새로운 상황에 적응해야 했습니다. 이제 학교 수업도 교회 예배도 모두 비대면 온라인 방식으로 이루어졌습니다. 모든 게 당황스러웠지만, 이때 필자는 깨달았습니다. 학생 얼굴을 직접 보면서 강의한다는 게 얼마나 소중한 시간이었는지를….

오늘 저녁 당신의 동네에 태풍이 불어 전신주가 넘어지면서 전기공급이 끊겨버린 상황을 가정해봅시다. 냉장고 음식이 걱정될 것입니다. 오늘 저녁 보려고 했던 TV 드라마는 포기해야 할지도 모릅니다. 유튜브 동영상이 보고 싶어 핸드폰 충전이 급한 딸은 엄마에게 이렇게 물어볼지 모릅니다.

"엄마, 언제 전기 들어와?"

캄캄한 거실에 촛불을 켜놓고 전기가 들어오길 마냥 기다리면서 서로의 희미한 얼굴을 쳐다보며 가족들은 이런 생각을 하고 있을지도 모릅니다.

"아~, 전기라고 하는 게 이렇게 소중한 것이었구나!(사실 전기공급이 원활하지 못했던 옛날에는 이런 경험이 종종 있었다)."

만일 등원(또는 등교)할 때 자신의 무거운 가방을 대신 들어주는 엄마에게 고마움을 느끼게 하려면 어떻게 하면 될까요? 방법은 어렵지 않습니다. 엄마의 사랑을 설명할 필요가 없습니다. 아이가 자신의 가방을 직접 들고 어린이집(또는 학교)에 가도록 하면 됩니다.

부모 사랑의 실체는
'후회하고 싶지 않은 증후군'이다

친구의 다정함이 그토록 고마운 이유는 친구로부터의 소외가 얼마나 고통스러운 것인지 잘 알고 있기 때문입니다. 우리가 햇볕의 따스함에 감사하고 빗방울에 감사하는 이유는 그렇지 않은 시간을 경험하였기 때문입니다. 만일 365일 하루도 빠지지 않고 햇볕만 내리쬐거나 비만 내린다고 한다면 우리는 햇볕이나 빗방울의 감사함을 느끼기란 쉽지 않습니다.

아이가 엄마의 사랑에 행복해한다면 그 사랑의 실체는 도대체 무엇일까요?

아마 그것은 '사랑하고 있지 않음'이 어떤 것인지를 잘 알고 있는 '인식의 소산물'일 것입니다. 이렇게 보면 양육의 세계는 달콤한 사랑만 하는 로맨스의 세계가 되어서는 안되는 것 같습니다. 거기에는 '온화함과 차가움', 또는 '허용과 금지'가 공존하는 세계가 되어야 합니다.

그런데 아이에게 언제나 온화함이나 부드러움을 잃지 않는 게 중요하다고 생각하는 사람이 있습니다. 그런데 사실 그게 가능한 사람은 없습니다. 그리고 아이에게 바람직하지도 않습니다. 성장 과정에서 아이들은 '온화함과 차가움', '허용과 금지'의 서로 다른 세계를 왕래하면서 "엄마, 아빠(또는 선생님)가 나를 정말로 사랑하고 있구나, 나를 정말 아껴주고 있구나."를 느끼게 되는 것입니다.

아이에게 언제나 사랑으로 대해야 한다고 생각하는 부모는 사실 그 내면은 '아이 만족'이 아니라, '자기만족'의 성향이 강한 사람입니다. 즉 아이에게 후회 없는 삶을 살게 해주고 싶은 게 아니라, 그 실체는 부모 자신이 후회 없는 삶을 살고 싶은 마음이 강한 사람입니다. 이런 부모를 소위 "후회하고 싶지 않은 증후군"이라고 부릅니다. 부모 자신이 후회 없는 삶이 아니라, 자녀에게 후회 없는 삶을 살게 해주고 싶다면 '사랑과 금지'의 공식에 대한 이해는 중요합니다.

사랑과 금지

프랑스 부모들에게 널리 읽히고 있는 육아 서적[3]이 하나 있습니다.

제목은 『아이는 왕에서 폭군으로』입니다.

이 책은 요즘 프랑스 젊은 부모들이 아이에게 확실하고 분명하게 "안 돼!"라는 말을 못하는 현실을 지적하고 있습니다. 아이들이 '금지'라고는 것을 모르고 자라다 보니 무엇이든 마음대로 할 수 있다는 생각을 하게 되면서 어디서나 마치 왕처럼 행동한다는 것입니다. 프랑스 소아과 의사 아르도 나우리 박사는 젊은 부모들에게 이렇게 충고하고 있습니다.

"요즘 젊은 어머니들은 자녀를 왕처럼 소중히 여깁니다. 지금까지와는 너무 다른 방향으로 가버렸습니다. 아이의 말에 귀를 기울이고 아이를 존중하는 것도 중요하지만, 여기에서 부모(또는 선생님)와 아이의 관계라고 하는 세대 간의 상하 관계를 역전하게 해서는 안 됩니다. 이것은 결코 아이에게도 좋은 게 아닙니다."

양육과 교육의 세계에는 아이와 함께하는 시간도 필요하지만, 때로는 아이를 내버려 두는 시간도 필요합니다. 아이가 잘하였을 때는 아낌없는 칭찬도 해야겠지만, 친구에게 피해를 주거나 규범을 위반하였을 때는 화가 났음을 아이에게 분명하게 전하는 것도 중요합니다. 안 되는 것은 "안 돼!"라고 확실하게 명확한 언어로 표현해야 하며, 이때 '차가움'의 표정은 수반될 수밖에 없습니다. 만일 미소 지으며 "안 돼!"라고 지도하는 교사가 있다면 그 교사는 아이 지도를 포기해야 할지도 모릅니다.

"선생님이 아이에게 정말 화가 났다는 것을 표시하는 것은 아이를 정말로 사랑하고 있다는 선생님의 자신감 표시이기도 합니다."

물론 아이가 잘못했을 때 '왜 안 되는지'를 설명할 필요가 있을 때도 있습니다. 그러나 세상에는 '문답무용(問答無用)'의 금지도 많습니다. 판사가 피고인에게 형량을 선고할 때, 왜 그런 범죄를 저지르면 안 되는지를 설명하고 판결을 내리지 않습니다. 설명할 필요가 없기 때문입니다. 특히 양육의 세계는 설명할 필요가 없거나 설명할 수 없는 게 많습니다.

독자에게 드리는 질문입니다. 당신은 아이에게 '부모의 조건 없는 사랑'을 설명할 수 있을까요? 만일 부모가 자녀에게 사랑하는 이유를 설명할 수 있다면 그 부모는 자녀에게 조건적인 사랑을 하고 있다는 셈이 됩니다. 아니면 "나는 부모이기 때문에 본능적으로(또는 조건 없이) 너를 사랑할 수밖에 없어." 라고 말한다면 그 부모는 자녀에게 '인격적인 사랑'이 아니라, '생물학적 사랑'을 하고 있다는 이야기가 됩니다.

대부분 부모는 자녀에게 조건 없는 사랑, 즉 자녀에게 설명할 수 없는 사랑을 합니다. 그런데 '조건 없는 사랑'과 잘 조합되는 것이 '조건 없는 금지'입니다. '설명할 수 없는 사랑'

과 '설명할 수 없는 금지'는 양육의 세계에서는 하나의 세트라고 생각해도 무방합니다. 부모(또는 선생님)의 조건 없는 사랑을 실감하고 있는 아이는 설령 부모(선생님)가 조건 없는 금지를 할지라도 아이가 마음의 상처를 받거나 발달에 해가 되지 않습니다.

아이의 모습은 마치 '배의 닻이 확실하게 바다의 바닥에 박혀 있는 상태'와 같다고 할 수 있습니다. 이 상태에서는 거센 바람에 해면이 아무리 요동치더라도 배가 엉뚱한 데로 휩쓸려 가지 않습니다. 즉 '무조건 금지'라고 하는 파도가 몰아치더라도 '조건 없는 사랑'이라고 하는 닻이 바닥에 박혀 있어서 아이가 마음의 상처를 받거나 혼란스러워하지 않습니다. 그리고 아이들은 평소 부모(또는 선생님)로부터 조건 없는 사랑을 받고 있다는 것을 잘 알고 있기에 근본적인 면에서 아이의 마음은 안정되어 있습니다.

모리스 센닥의 그림 동화책, 『괴물들이 사는 나라』가 있습니다. 이 책은 1964년 칼데콧 상을 받고, 지금까지 전 세계적으로 2,000만 부 이상이 판매되는 등, 그림 동화책 가운데 최고의 걸작으로 평가받고 있습니다. 여전히 오늘날에도 세계 각 나라의 아이들로부터 사랑받고 있는 책이기도 합니다. 제44대 미국 대통령 버락 오바마는 백악관 연례 부활절 행사에서 모리스 센닥의『괴물들이 사는 나라』를 아이들에게 읽어주어 화제가 된 책이기도 합니다.

이 그림 동화책의 내용을 간단히 설명하면 이렇습니다. 주인공 맥스가 말썽을 피우다 엄마에게 방에 갇히는 벌을 받게 됩니다. 식사도 제대로 제공받지 못하고 방에 갇히는 벌은 어린아이에게는 가혹한 징벌입니다. 그러나 맥스는 엄마가 자신을 사랑하고 있다는 사실을 잘 알고 있기에 방에 갇히는 벌을 받아도 대모험을 하면서 자립심을 갖추어나가게 됩니다. 그렇게 해방감을 충분히 만끽한 뒤 집에 돌아오자 엄마가 해놓은 따뜻한 저녁밥이 맥스를 기다리고 있습니다.

이 소설은 어린 시절 누구나 한 번쯤은 꿈꾸었을 상상의 세계로 아이를 초대하고 있습니다. 그리고 아이의 기쁨과 슬픔, 고민, 아픔을 섬세하게 그려내면서 누군가에게 상처를 주고, 또 누군가에게 상처를 받는 아이들이 그 아픔을 발판으로 삼아 성장해가는 이야기를 담고 있습니다. 아이의 마음, 그리고 아이에게 필요한 마음을 잘 그려낸 작품이라고 생각합니다. 그래서 어떤 발달 심리학자가 이렇게 말했는지도 모릅니다.

"사랑의 효과는 금지와 알맞게 나눠진 분량에 지나지 않는다!"

특히 유아기에는 사회성의 기초적 훈련이 필요한 시기입니다. 즉 이때는 아이의 개성 존중도 중요하지만, 사회성도 키워나가야 하는 시기입니다. 그래야만 나중에 어른이 되었을 때 사회생활을 잘할 수 있습니다.

이렇게 보면 성장 과정에서 아이가 '사랑과 금지'의 양극단을 이해하는 것은 매우 중요하다고 할 수 있습니다. 이 양극단 사이에서 아이들은 상황이나 대상에 따라서 유연하게 자신이 취해야 하는 범위를 익혀나가게 됩니다. 그러면서 아이들은 사회생활에 필요한 '살아가는 힘'을 소유할 수 있게 됩니다.

정신분석학자 아들러(Adler, A.)[4]는 이런 힘을 '공동체 감각'이라고 말했습니다. 그는 공동체 감각을 갖도록 하기 위해서는 아이의 의지나 욕구를 존중하는 것도 중요하지만, 그 욕구를 무조건 그대로 허용하는 것은 오히려 공동체 감각을 유지하는 데 방해가 된다고 보았습니다. 이제 이런 결론을 자연스럽게 내릴 수 있을 것 같습니다.

"어릴 때 '사랑'이라는 씨앗으로 '개성화'라는 꽃을 피우고, '금지'라고 하는 씨앗으로는 '사회화'라는 꽃으로 피워서 성인이 되었을 때는 '살아가는 힘'이라는 열매를 추수할 수 있도록 해줘야 한다."

부모의 사랑에 대한 후성유전학의 경고

우리는 '아이 사랑'에 대해 착각하고 있는 게 하나 있습니다. '부모 사랑이 부족하면 아이의 발달이나 정신건강에 부정적 영향을 미친다.'라는 사실을 '부모 사랑이 크면 좋다.'로 이해합니다.

하지만, 이 둘의 내용은 분명히 다릅니다. 예를 들어봅시다. '몸에 철분이 부족하면 건강에 문제가 생긴다.'는 이야기와 '철분을 많이 섭취하면 몸이 건강해진다.'라는 이야기는 분명히 다릅니다. 철분 결핍은 건강에 문제가 되지만, 정도를 넘어선 철분 섭취는 몸에 좋지 않습니다. 이러한 사실을 우리는 상식적으로 잘 알고 있습니다.

부모 사랑도 마찬가지입니다. 부모 사랑의 결핍은 아이의 정신건강에 좋지 않지만, 그렇다고 부모 사랑이 크면 클수록 무조건 아이에게 좋은 것은 아닙니다. 이에 대한 이해를 돕기 위해서는 후성유전학의 이야기가 필요합니다.

최근 유전학에서는 '후성유전학(epigenetics)'의 이야기가 크게 주목받고 있습니다. 먼저 후성유전학이란 무엇인지를 간단하게 설명하겠습니다. 모든 생명체는 유전자 정보에 의해 눈이 만들어지고, 입이 만들어지고 머리카락이 만들어집니다. 그런데 이 설명은 맞지만, 그렇다고 100% 맞는 이야기는 아닙니다. 만일 유전자가 100% 똑같은 사람이 두 사람(일란성 쌍둥이)이 있다고 가정해봅시다. 그러면 이 두 사람은 100% 똑같은 키, 똑같은 얼굴이 되어야 합니다. 그런데 이런 사례가 보고된 적은 없습니다. 즉 유전자가 100% 같을지라도 100% 똑같은 인간이 되지 않는다는 이야기입니다.

그렇다면 그 이유가 무얼 일까요? 그 이유는 후성유전학이라는 시스템이 개입하기 때문입니다. 후성유전학은 부모로부터 물려받은 DNA이라고 하는 유전자 정보를 통제하는 시스템입니다. 즉 유전자 정보를 on, off를 하는 역할을 담당하고 있습니다. 그러니까 유전자가 발현되는 과정에 '후성유전학'이라고 하는 시스템이 간섭하여 어떤 유전자에 대해서는 "너는 안 돼, 가만히 있어."라는 명령을 던져 그 발현을 억제합니다. 한편, 어떤 유전자에 대해서는 "너는 아이의 키가 더 자랄 수 있도록 단백질을 만들어줘."라고 명령을 던집니다. 이렇게 보면 유전학을 '하드웨어'로, 후성유전학은 '소프트웨어'로 비유할 수 있을 것 같습니다.

그럼 후성유전학은 어떤 원칙에 의해 특정 유전자 정보는 on, 특정 유전자 정보에 대해서는 off를 시키는 것일까요? 그 원칙은 정해진 매뉴얼이 있는 것이 아니라, 상당 부분 환경의 영향을 받으면서 작동합니다. 다시 말해서 환경(즉 경험)에 따라 후성유전학 시스템 작동의 활성화 정도가 달라집니다.

그렇다면 어떤 환경(즉 경험)이 후성유전학 시스템의 활성화에 도움이 될까요? 즉 어릴 때 어떤 경험을 많이 하면 후성유전학 시스템이 활성화하여 좋은 유전자 정보가 충분히 발현될 수 있도록 도울 수 있을까요? 이에 대한 전문가들의 대답은 이렇습니다.

"아이들이 성장 과정에서 '적당한 스트레스'를 경험하도록 하는 것입니다."

교육이나 스포츠 관련 논문을 들여다보면 '에피제네틱스(후성유전학)'라고 하는 시스템이 잘 작동하여 좋은 성적을 거둘 수 있었다는 보고가 종종 있습니다. 이 이야기는 선수가 적당한 스트레스 덕분에 유전자 움직임이 활성화되어 좋은 성적을 거둘 수 있게 되었다는 이야기입니다.

그렇다면 아이의 성장 과정에서 필요한 적당한 스트레스란? 그것은 적당한 '실패와 금지'의 경험입니다. 이렇게 보면 부모의 지나친 사랑은 절대 금물입니다. 일본의 소아 신경학자, 다카하시(高橋) 박사[5]는 부모의 지나친 사랑에 대해 이렇게 구체적인 예를 들어가며 경고하고 있습니다.

"아이가 무언가를 집으려고 할 때 대신 집어준다든지, 기어 다니는 아기의 몸에 부딪히지 않도록 주위 물건을 치워준다든지, 아이가 넘어지지 않도록 몸을 받쳐주는 행위 등, 필요 이상으로 보호하는 어른의 이런 행위는 오히려 아이의 신경회로를 만드는 중요한 시기에 방해가 되는 것들입니다.
물론 아이가 다치지 않도록 한다든지, 병에 걸리지 않도록 하는 것은 중요하지만, 정도를 넘어선 지나친 보호나 간섭은 뇌신경학적으로 보면 아이의 입을 막아버리고 손과 발을 묶어버려서 뇌신경 회로를 구축하지 못하도록 하는 행위와 다름없습니다."

우리 사회가 생각하는 '좋은 부모(또는 선생님)'는 후성유적학적으로 보면 아이에는 '안 좋은 부모(또는 선생님)'일 수도 있습니다. 우리는 아이에게 적당한 실패나 금지라고 하는 스트레스 경험을 제공하는 교사를 바람직한 교사로 생각하지 않습니다. 어떤 사람은 이런 교사에게 어설픈 논리로 '학대(Abuse)'라는 개념을 집어넣기도 합니다.

이런 사람은 후성유전학적으로 보면 아이에게 최악입니다. 〈아이 사랑학〉을 제대로 이해하고자 한다면 자기만족의 아이 사랑학이 아니라, 아이의 성장에 도움이 되는 사랑학에 대한 고민이 필요합니다.

3장

아이 성공학

"인간은 탄생에 의해 미래가 열리고, 양육에 의해 미래로 나간다."
- 영국의 교육학자, 리차드 말캬스타 (Richard, M.) -

아담과 이브보다 강한 욕구 억제 능력

구약성경 창세기에 이런 이야기가 나옵니다. 하나님은 최초의 인간 아담과 이브를 창조하고 에덴동산에 살게 합니다. 그런데 하나님은 이들에게 이런 경고를 합니다.

"동산의 각종 나무 열매는 따 먹어도 되지만, 선악과는 절대 먹어서는 안 된다. 먹는 날에는 반드시 죽게 된다."

하지만 아담과 이브는 하나님의 경고를 무시하고 그만 선악과를 따먹고 에덴동산에서 쫓겨나는 벌을 받게 됩니다. 그런데 아담과 이브가 보여주지 못했던 욕구 억제능력을 아이들이 보여주었다는 연구가 있습니다. 연구 제목은 '마시멜로 테스트(The Marshmallow Test, 본래 연구 제목은 조금 긴 문장으로 표현되어 있다)'입니다. 이 연구는 발달심리학 연구 가운데 널리 알려진 유명한 연구입니다. 2006년 〈뉴욕 타임스〉 사설[1]에 소개되기도 하였습니다. 그리고 미국의 오바마 대통령의 인터뷰에도 언급될 정도로 이 연구결과[2]는 당시 미국 사회에 던지는 메시지가 매우 컸습니다.

도대체 어떤 연구이기에?

연구의 시작[3]은 1960년대로 거슬러 올라갑니다. 이후 50년간 계속됩니다. 연구는 미국 스탠퍼드 대학 부설 어린이집에서 진행되었습니다. 연구 방법은 이렇습니다. 어린이집 한 교실을 실험실로 만들었습니다. 실험실에는 테이블이 놓여 있고, 그 위에 마시멜로 하나가 올려져 있습니다. 실험자는 아이가 실험실에 들어오면 이런 제안을 했습니다.

"지금 눈앞 보이는 저 마시멜로를 5분(연구에 따라 10분, 15분 등 다양함) 동안 먹지 않고 참고 있으면 상으로 마시멜로를 하나 더 줄게요."

마시멜로 테스트

아이는 실험자의 약속을 믿고 기다리면 마시멜로를 하나 더 먹을 수 있습니다. 그런데 마시멜로의 유혹에 넘어가 버리면 하나밖에 먹을 수 없습니다.

자~, 아이의 반응은 어땠을까요?

물론 눈앞의 마시멜로를 참지 못하고 먹어버리는 아이가 있었습니다. 그러나 마시멜로의 유혹에 넘어가지 않고 참고 기다리는 아이도 적지 않았습니다. 실험자는 이 실험 과정을 지켜보면서 아이의 모습을 책에서 이렇게 전하고 있습니다.

"아이들은 눈앞 마시멜로의 유혹을 뿌리치기 위해 눈을 감거나 다른 쪽으로 애써 눈을 돌리거나 하는 행동이 보였습니다. 그 모습은 정말 눈물겨웠고, 나도 모르게 손뼉 치며 칭찬하고 싶을 정도였습니다. 어린 유아일지라도 유혹에 넘어가지 않고 나중에 약속한 상을 받기 위해 참는 능력이 있다는 사실이 정말 놀라웠습니다. 나는 이들에게 신선한 희망을 품게 되는 것 같습니다."

이 연구가 사회적으로 관심의 대상이 된 이유가 있었습니다. 그것은 마시멜로의 유혹에 넘어가지 않고 참을성이 있었던 아이(실험 당시, 4~5세)[4]는 나중 커서 어떤 어른으로 성장했는가에 관한 이야기 때문입니다.

마시멜로의 유혹에 넘어가지 않았던 아이들은 성인기 이후에 성공적인 삶의 모습을 보여주었습니다. 이들은 대학진학적성검사의 점수가 높았고, 사회적 적응 능력이나 지적 수준에 대한 평가도 높았습니다.

이뿐만 아닙니다. 이들이 27~32세가 되었을 때의 조사한 내용[5]을 들여다보면 자아 존중감이 높았고, 목표를 달성하는 성취도도 높았습니다. 그리고 욕구불만이나 스트레스 상황을 효과적으로 잘 견디어 내는 정신력도 보여주었습니다. 또한, 마시멜로의 유혹을 뿌리친 아이는 타인을 이해하고 공감하는 능력도 있어서 타인을 배려하는 행동이 마시멜로 유혹에 넘어간 아이들보다 많이 보였습니다.

이미 유아기에 이런 실험장면에서의 행동을 통해 미래의 성공을 예측할 수 있다는 사실이 매우 놀랍습니다.

성공으로 인도하는 길은?

아마 마시멜로 실험 결과에 관한 이런 설명을 들으면 부모들은 육아 전문가에게 이런 상담을 하고 싶을지도 모릅니다.

"우리 애도 눈앞의 유혹에 넘어가지 않고 나중에 커서 성공할 수 있는 아이로 키우고 싶은데 어떻게 하면 될까요?"

만일 이 궁금증에 대한 조언을 듣고 싶다면 다음 질문에 대해 생각해보면 좋습니다.

"무엇이 마시멜로의 유혹에 넘어가지 않는 행동을 하게 만들었을까요?"

그 아이의 본래 가지고 있었던 욕구 억제능력? 아니면 실험 당시 아이의 공복 상태? 물론 이런 요인들의 영향이 제로라고 할 수 없습니다. 그러나 더 중요한 요인[6]이 있었습니다.

그것은 "아이가 어른의 말을 믿을 수 있는가?"라는 문제였습니다.

이런 설명이 타당하다는 사실은 다음 연구[7]를 통해 확인할 수 있습니다. 미국 로체스터 대학 연구팀은 타인에 대한 신뢰가 아이의 행동에 미치는 영향에 대해 알아보았습니다. 먼저 실험대상 아이들(만3~5세)을 두 팀(A팀, B팀)으로 나누었습니다. 그리고 이들을 차례대로 미술실로 데리고 갔습니다. 이들에게 훼손된 크레파스 상자(뚜껑도 잘 열리지 않는 상태)를 건네주고는 실험자는 이렇게 말하고 방을 나갔습니다.

"새로운 크레파스를 가져올 테니 조금만 기다려주세요."

몇 분의 시간이 흐르고 실험자가 돌아와서는 A팀 아이들에게는 이렇게 말합니다.

"미안해요. 새로운 크레파스가 없어요."

즉, A팀 아이들에게는 신뢰할 수 없는 행동을 보여줍니다. 한편, B팀 아이들에게는 실험자가 약속한 대로 새로운 크레파스를 갖고 와서는 건네줍니다. 그리고 난 다음에 다시 이 두 팀의 아이들을 대상으로 마시멜로 테스트를 해보았습니다.

테스트의 결과는?

실험자에 대한 신뢰를 경험하지 못했던 아이들(A팀)은 또 하나의 마시멜로 보상을 기다리지 못하고 눈앞의 마시멜로를 먹어버렸습니다. 이들의 평균 인내 시간은 3분 2초 정도였습니다. 그러나 신뢰 체험을 했던 B팀 아이들은 평균 12분 2초나 기다렸습니다.

이 연구 결과가 말해주고 있는 이야기는 무엇일까요? 타인에 대한 불신이 클수록 장래의 성공을 위해 지금의 만족을 포기할 가능성은 크지 않다는 것을 말해주고 있습니다. 그리고 앞의 연구 결과처럼, 이 실험[8]에서 마시멜로 테스트를 통과하지 못한 아이들의 청년기 이후의 모습도 성공적인 모습이 아니었습니다. 타인을 신뢰하지 못하는 사람은 자기중심적인 인간이 될 수밖에 없어 '현재의 욕구'에 집착하기 쉽습니다. 그러면 성공적인 미래를 준비하는 삶을 살기 어렵다는 이야기는 사실 특별한 이야기는 아닌 것 같습니다.

아이의 성공을 기원한다면?

이제 당신은 그 답을 알고 있다고 생각합니다. 아이가 어릴 때부터 타인에 대해 믿음을 갖도록 해주면 됩니다. 특히 심리적으로 가까운 관계에 있는 부모나 선생님에 대한 신뢰는 더없이 중요하다는 사실은 더 말할 나위도 없습니다. 우리 사회가 아이의 성공적 미래를 기대한다면 마시멜로 연구자들[9]의 다음 글귀에 주목할 필요가 있습니다.

"어릴 때 어머니나 선생님과의 신뢰 관계가 매우 중요하다. 아이들은 성장하면서 타인은 어떤 존재인가? 그리고 자기 자신은 어떤 존재인가를 생각하게 된다. 이때 타인에 대한 신뢰가 가장 중요하며, 그러면 이제 아이들은 자기 자신도 신뢰하게 된다.
그리고 만일 부모와의 관계에 문제가 있는 아이일지라도 선생님과의 관계가 좋으면 얼마든지 심리적으로 회복할 수 있다. 무려 40%의 아이들이 회복되었다는 연구 보고가 있다. 그러니까 부모와의 애착 관계가 불안정한 아이일지라도 선생님과의 상호작용의 질에 따라 아이에게 선생님은 부모만큼 얼마든지 안전기지, 즉 '심리적 안식처'가 될 수 있다. 아이는 이런 경험을 통해 타인에 대한 신뢰의 싹이 움트면서 미래를 향해 나아갈 수 있다."

미국 시카고 대학의 교수며, 경제학자인 제임스 J 헤크만(James, J. Heckman)박사라는 사람이 있습니다. 그는 유아기 아이들을 대상으로 다양한 프로그램을 시행하고, 이들이 40세가 될 때까지 그 효과를 알아보기 위해 추적 조사 연구를 했습니다. 박사는 노벨 경제학상 수상자이며, 당시 오바마 미국 대통령의 유아 교육정책에 하나의 방향성을 제시할 정도로 미국 사회에 큰 영향을 미친 자이기도 합니다. 그는 자신의 일련의 연구를 통해 『유아교육의 경제학』이라는 책[10]을 발간하기도 하였습니다. 박사가 수십 년간에 걸쳐 유아교육 연구를 하면서 내린 결론은 이렇습니다.

"성공의 열쇠는 아이의 똑똑함이 아니라, '사회 정서적 능력'에 있다."

그렇다면 성공의 열쇠가 되는 아이의 사회 정서적 능력이란, 무엇일까요? 그것은 친구나 선생님과 함께하는 즐거움이나 행복감, 자신감, 의욕, 리더십, 사회성 등을 말합니다. 이 모습은 모두 인간에 대한 신뢰를 통해서 만들어집니다.

성공학의 또 하나의 이야기

아이 성공학으로 인도하는 또 하나의 비법이 있습니다. 그것은 무엇일까요?

'실패 경험'입니다.

"실패하지 않은 것이 가장 큰 실패이다."라는 말이 있습니다. 맞는 말인 것 같습니다. 인간이란 원래 실패를 통해서 살아가는 법을 익혀나가는 동물입니다. 제임스 조이스(James, J.)의 소설『율리시스』에 이런 글귀가 있습니다.

> "천재는 실수를 범하지 않는다. 천재의 실수는 자기 스스로 원하는 것이며, 새로운 발견의 시작이다."

"천재는 실수를 범하지 않는다."라는 표현은 상당히 도발적인 의도를 담고 있는 것 같습니다. 왜냐면 사실 천재들의 실패는 모두 새로운 발견의 계기가 되었기 때문입니다. 필자가 읽었던 책 가운데 『위대한 실패』라는 책[11]이 있습니다. 이 책의 내용은 다윈이나 아인슈타인 등 위대한 과학자들의 실패담을 담고 있습니다. 이 책의 결론은 이렇습니다.

"실패를 한 번도 허락하지 않은 방법론과 실패를 거듭하면서도 전체적으로 올바른 방향으로 진행되는 방법론은 전혀 다르다는 느낌이 든다. 그리고 후자가 가능한 사람이야말로 세계적으로 일류 과학자가 많다는 사실을 본서는 말해주고 있다."

사실 우리는 일상생활에서 다양한 실수를 경험하고 있습니다. 그러나 실수를 자각하는 것은 그것을 경험하고 난 이후입니다. 그래서 19세기 아일랜드 출신의 시인이며 극작가인 오스카 와일드(Oscar, W.)는 이런 말을 했습니다.

"경험이란, 누군가 자신의 실패에 대해 붙인 이름이다."

우리는 실수나 실패라는 경험을 매일 밥 먹듯이 반복하고 있습니다. 그러나 아이들에게는 좀처럼 실패를 허용하지 않는 것 같습니다. 미국의 노스이스턴대학 심리학 교수 데스테노(DeSteno, D.) 박사[12]는 아이의 세계에서 실수나 실패 경험은 성장의 원동력이 되기 때문에 매우 소중하다고 보았습니다. 그래서 그는 성장 과정에서 감사하는 마음, 타인을 배려하는 마음의 육성도 중요하지만, 실수나 실패를 통해 부끄러워하는 마음이나 미안해하는 마음, 그리고 창피해하는 마음의 육성도 필요하다고 보았습니다.

그는 이런 마음을 '마음의 지능'이라고 불렀습니다.

인간은 성공보다는 실패를 통해서 얻는 게 훨씬 많습니다. 실패를 통해서 자신을 바라보고, 고민하고, 그리고 자신의 행동을 수정하는 등, 살아가는 법을 익히게 됩니다. 그래서 인간은 부족함이나 한계를 통해서 강한 생명력을 갖게 되는 것 같습니다. 이런 현상은 인간만이 아니라, 식물도 동물도 마찬가지인 것 같습니다.

어떤 책[13]에서 읽었던 한 농부의 이야기를 여기에 담고 싶습니다. 그 농부는 올리브 기름을 생산하는 사람입니다. 이 농부의 이야기에 의하면 유럽에는 400년 전부터 올리브 나무 밭이 있었다고 합니다.

그런데 옛날 농부들은 매년 탐스럽게 열린 올리브 열매를 따서 기름을 걱정 없이 얻을 수 있었지만, 요즘 농부들은 걱정이 많다는 것입니다. 그 이유는 요즘 올리브 나무의 수명은 옛날 올리브 나무와 달라서 그 수명이 길어도 100년 정도밖에 되지 않아 올리브 농사의 미래가 걱정된다는 이야기입니다. 그러니까 앞으로 100년 정도 지나면 유럽에는 올리브 나무가 사라질지도 모른다는 것입니다. 신문 기자가 농부에게 그 이유를 물어보았습니다. 농부의 대답은 의외로 간단했습니다.

"비료 때문입니다."

옛날에는 비료가 없어서 땅에 영양분이 많지 않았습니다. 영양분이 그렇게 많지 않은 땅에 뿌리를 내리고 있었던 옛날 올리브 나무는 생존을 위해 뿌리를 더욱 땅속 깊숙이 뻗어 영양분과 수분을 빨아들이고 있었다는 것입니다. 그러니까 옛날 올리브 나무는 생명력이 강한 나무였다는 것입니다. 그러나 지금의 올리브 나무는 비료 때문에 뿌리가 영양분의 결핍을 경험하지 못해 뿌리의 힘이 약해져 나무의 수명이 오래 가지 못한다는 것입니다.

동물 연구에 의하면 동물의 세계도 마찬가지라는 사실이 보고되고 있습니다. 어릴 때 사료를 충분히 먹으면서 자란 동물은 사료 결핍을 경험한 동물에 비해 수명이 짧았습니다.

모든 생명체는 그 생명력을 유지하기 위해서는 어느 정도의 결핍이 필요합니다. 생명력의 강인함은 '풍족'이 아니라 '결핍'에서 만들어진다는 사실은 생명체의 기본 공식과도 같습니다.

그렇다면 아이의 경우, 생명력을 강하게 해주는 결핍이란, 무엇일까요? 그것은 '실패'를 통한 적당한 스트레스 경험입니다. 아이들은 놀다가 다치기도 하고, 친구와의 생각이 달라서 다투기도 하고, 자기가 원하는 대로 놀이가 완성되지 못하는 등, 실패나 좌절을 경험하기도 합니다. 이런 경험을 하게 되면 아이들은 창피하기도 하고 불쾌감을 느껴지기도 하는 등, 스트레스를 경험합니다.

그러나 모두 소중한 경험입니다.

이런 스트레스 경험을 통해서 아이들은 정신이 강해지고 살아가는 법을 배우게 됩니다. 영국의 비평가 겸 역사가 토마스 카라일(Thomas, C.)은 이런 말을 했습니다.

"경험은 최고의 교사이다. 그러나 수업료가 비싸다."

여기서 말하는 경험이란, 물론 실패 경험을 말합니다. 우리는 실패가 없는 인생을 행복한 인생이라고 생각할지 모릅니다. 그러나 행복이 인간의 육성에 플러스는 되는 경우는 별로 없습니다. 인간은 실패나 어려움이 들이닥쳤을 때, 비로소 자신의 내면에 잠자고 있는 힘을 발휘하여 문제를 풀어나갈 수 있습니다. 실패 경험은 인간을 일시적으로 우울하게 만들지만, 장기적으로 보면 성공의 자양분이 됩니다.

그런데 만일 아이에게 실패 경험을 허용하지 않는다면, 즉 지금의 성공 경험만을 제공한다면 아이 마음의 저울은 언제나 지금 현재 눈앞의 보수에만 기울어질 수밖에 없습니다. 그러면 지금은 성공해서 행복해할지는 모르겠지만, 장기적으로 보면 실패나 좌절을 경험할 수밖에 없습니다. 그리고 그때, 실패나 좌절 상황을 어떻게 헤쳐 나가야 할지 몰라 혼란스러워하기도 합니다.

아동 양육과 교육의 궁극적 목표는 '미래에 대한 기대감'과 함께 '책임감'을 가지도록 하는 인간 육성에 있습니다.

그러기에 성장 과정에서 아이가 도전하고, 실패하고, 고민하고, 다시 도전하는 과정은 더없이 소중합니다. 이런 모습을 귀중하게 여기는 부모는 아이에게 미래의 성공으로 나아갈 수 있도록 길을 열어주는 부모라고 할 수 있습니다.

"인간은 탄생에 의해 미래가 열리고, 양육에 의해 미래로 나간다!"

이 말을 한 사람은 영국의 교육학자, 리차드 말캬스타(Richard, M.) 라는 사람[14]입니다. 만일 우리가 아이에게 실패나 고민을 허용하지 않는다면 그것은 아이에게 미래만 열려 있을 뿐, 그 미래로 나아가지 못하는 아이의 모습만 그려질 뿐입니다. 이렇게 보면 어쩌면 '아이 성공학'의 이야기는 '아이 실패학'의 찬양이라고도 할 수 있는 것 같습니다.

4장

아이 공부학

"선생님에 대한 신뢰는 아이의 학습에 영향을 미치며,
파트너에 대한 신뢰는 하루하루의 행복을 좌우하며,
과학기술에 대한 신뢰는 이용 가능한 정보의 질을 결정한다."
- 미국 심리학자, 데이비드 데스테노(D. DeSteno) -

'백문이 불여일견'은 해당되지 않는다

"엄마, 왜 낮에는 별님이 보지 않아요?"

"왜 달님 얼굴은 왜 저렇게 반만 보여요?"

3살짜리 아이는 하늘의 달과 별에 대한 궁금증이 많습니다. 사실 아이들은 세상의 모든 게 궁금합니다. 고대 그리스의 철학자, 아리스토텔레스는 그의 저서 『형이상학』의 머리글에서 "모든 인간은 태어나면서부터 알고자 하는 욕구가 있다."라고 말했습니다. 그는 발달심리학자가 아니지만, 발달심리학자와 같은 아동 이해를 하는 것 같습니다.

그런데 아이들은 알고 싶은 욕구는 어른들 이상으로 강하지만, 머릿속에 내용물이 없습니다. 그래서 아이들은 어쩔 수 없이 어른들의 도움을 받아서 머릿속에 내용물을 채우고 싶어 끝없이 부모나 선생님에게 이런저런 질문을 합니다.

그런데 여기에 문제가 있습니다. 아이들은 어른의 설명을 무조건 받아들이지 않는다는 것입니다. 즉 어른의 가르침을 무조건 "아~ 그렇구나."라고 받아들이지 않습니다.

"지구는 움직인다."

이 황당한 지식(?)을 아이들에게 어떻게 가르칠 수 있을까요? 이 정보는 당신에게는 극히 당연한 지식이지만, 아이는 황당해 합니다. 왜냐면 자신이 경험하고 있는 사실과 너무 다르기 때문입니다.

그렇다면 이 과학적 지식을 아이들이 믿을 수 있도록 하려면 어떻게 하면 될까요? "선생님 말을 믿으세요!"라고 해도 일부 아이들(선생님을 불신하는 아이)에게는 소용없습니다.

만일 그 대상이 유아가 아니라, 초중고생들이라고 한다면

"선생님 말을 믿으세요."라는 설득은 필요 없습니다. 왜냐면 초중고생은 선생님이 전하는 정보가 정확한지 아닌지는 나름대로의 방법을 통해서 얼마든지 확인할 수 있기 때문입니다. 책을 통해서 확인하거나 유튜브나 구글 정보 검색을 통해 확인할 수도 있습니다. 이것이 귀찮으면 신뢰할만한 사람에게 물어봐도 좋습니다.

그런데 어린아이들은 이게 쉽지 않습니다. 놀이나 관찰을 통해 과학의 기본 원리를 배울 수는 있지만, "지구가 움직이고 있다."는 지식은 이런 방법으로는 알 수가 없습니다. 이처럼 아이들의 궁금증은 어른들 이상이지만, 그 궁금증을 해결하는 방법이 어른만큼 많지 않습니다.

그렇다면 이 문제를 어떻게 해결하면 될까요?

이에 관해서 연구한 심리학자가 있습니다. 그 사람은 후드(Hood, B.) 박사입니다. 그는 "중력의 기본 개념을 아이들에게 어떻게 가르칠 것인가."에 대해 관심을 갖고 연구하기 시작했습니다. 박사는 중력의 개념을 아이에게 이해시키기 위해 이런저런 방법을 활용하여 알려주려고 했지만 쉽지 않았습니다. 그러면서 그가 내린 최종 결론은 이렇습니다.

"어린아이들의 학습방법은 어른의 말을 믿도록 할 수밖에 없다."

'중력'의 개념이나 '지구가 움직인다.'와 같은 지식은 관찰이나 실험, 탐색 등의 방법으로는 습득이 어렵습니다. 이 때문에 이런 지식의 가르침은 아이가 어른의 입에 주목하도록 할 수밖에 없습니다.

이렇게 보면 아이들의 공부 방식에는 "백문이 불여일견이다."라는 속담은 해당하지 않는 것 같습니다. 그렇다면 아이들이 정확한 정보를 손쉽게 얻을 수 있는 가장 좋은 방법은? 어른에게 물어보면 됩니다. 이렇게….

"정말로 지구가 움직이고 있어요?"

아이들에게는 이게 최고의 방법입니다. 그런데 당신도 알다시피 이런 방법은 하나의 위험성이 따릅니다. 그것은 '정보의 정확성'에 대한 문제입니다. 즉 그 사람이 전하는 정보가 정확하냐는 문제가 있습니다.

사실 아이들은 우리가 생각하는 만큼 어른의 말을 쉽게 믿지 않습니다. 따라서 아이들은 그 사람(예: 선생님)의 설명을 믿을 수 있는가, 라는 문제를 고민하게 됩니다. 앞에서 언급하였듯이 중고등학생이라고 한다면 책이나 인터넷 검색을 통해 정보의 정확성을 얼마든지 확인할 수 있습니다. 그러나 아이들은 이게 쉽지 않습니다.

그래서 아이들의 경우, '정보의 정확성'에 대한 판단은 그 정보를 전하는 사람을 신뢰할 수 있는가에 따라 좌우될 수밖에 없습니다. 이 사실을 실험을 통해 확인한 사람이 있습니다. 그 사람은 미국의 심리학자, 하리스(Harris, P. L.) 박사팀[2]입니다. 이 실험을 소개하겠습니다.

배움은 '어떻게'가 아니라 '누구로부터'이다

하리스 박사 연구팀이 실험한 장소는 어린이집입니다. 한 명의 아이 앞에 두 명의 어린이집 선생님(편의상 A교사, B교사)이 순서대로 나타나 하나의 물건(아이가 처음 보는 물건)을 보여주면서 물건의 이름과 사용법을 설명해줍니다. 그런데 이 두 선생님의 설명 내용이 각각 이렇게 다릅니다.

먼저 A교사의 설명은 이렇습니다.

"(아이에게 물건을 보여주면서) 이것은 이름이 '린츠'예요. 이건 밤하늘의 별을 볼 때 사용하는 물건이에요."

한편, (A교사와 동일한 물건을 보여주면서) B교사의 설명은 이렇습니다.

"이것은 '스롯도'예요. 물속에 들어가서 숨을 쉴 때 사용하는 도구예요."

자~, 아이들은 어느 선생님의 설명을 더 믿을까요?

A교사? B교사?

참고로 이 두 교사의 인상이나 이미지, 옷차림, 음성, 그리고 동작은 비슷했습니다. 단지 다른 점은 A교사는 실험 대상 아이의 어린이집 선생입니다. 즉 평소 아이가 잘 알고 친하게 지내고 있는 선생님입니다. 그러나 B교사는 아이가 처음 보는 선생님입니다. 결과는 어떠했을까요? 아이들은 A교사의 설명을 더 신뢰하였습니다.

실험[3]은 계속 이어집니다. 이번에는 아이 앞에 선생님과 어머니를 순서대로 등장시킵니다. 실험 대상 연령은 만 4세입니다. 그런데 이들은 생후 15개월 시점에 이미 어머니와의 애착 관계에 대한 평가를 받은 아이들이었습니다. 애착유형은 크게 '안정 애착'과 '불안정 애착'으로 나뉩니다. 이론적으로 안정 애착 유형의 아이들은 엄마에 대한 신뢰감이 강하지만, 불안정 애착 유형의 아이들은 그렇지 못하다고 추정하고 있습니다.

실험방법은 앞에서 언급한 실험과 기본적으로 같습니다. 다른 점은 엄마의 등장입니다. 실험 방법은 두 종류입니다.

하나는 안정 애착 유형의 아이들을 대상으로 엄마의 설명과 (처음 보는) 선생님의 설명 중, 누구의 설명을 더 잘 믿는가를 비교해보았습니다. 또 하나는 불안정 애착 유형의 아이들은 엄마의 설명과 (처음 보는) 선생님의 설명 중, 누구의 설명을 더 잘 믿는가입니다.

실험 결과는?

안정 애착 유형의 아이들은 엄마의 설명을 더 많이 받아드렸습니다. 그러나 불안정 애착 유형의 아이들은 선생님의 설명을 더 믿었습니다. 이런 일련의 실험을 통해서 하리스 박사 연구팀이 내린 결론은 이렇습니다.

“유아기 때의 학습은 ‘선생님을 얼마나 좋아하는가.’는 ‘그 선생님으로부터 얼마나 배울 수 있는가.’를 결정한다. 즉 유아기 아이의 배움에는 ‘어떻게’ 가 아니라, ‘누구로부터’가 훨씬 중요하다!”

최근 연구[4]에 의하면 아이는 신뢰할 수 없는 사람보다는 신뢰할 수 있는 사람으로부터의 이야기를 더욱 잘 기억한다는 사실도 밝혀졌습니다.

아이들의 지식 습득에는 ‘교사의 가르치는 능력’보다 ‘아이가 선생님을 얼마나 좋아하는가.’가 훨씬 중요한 것 같습니다.

선생님에 대한 호감을 시끄럽게 따진다

우리는 일반적으로 교육의 성패가 '정확한 지식의 제공'과 '효과적인 교수법'에 있다고 생각해왔습니다. 물론 아주 틀린 이야기는 아닙니다. 학생들의 지식 습득에는 선생님의 가르치는 능력이 매우 중요합니다.

『신뢰는 왜 이용당하는가?』의 저자, 미국의 노스이스턴대학 심리학 교수 데스테노(DeSteno, D.) 박사[5]는 '신뢰의 크기'는 '성실성'과 '능력'이라는 두 가지 요인에 의해 결정된다고 주장하였습니다. 사실 대학생들은 상당 부분 교수의 가르치는 열정과 전공 능력을 통해 교수에 대한 신뢰 점수를 매기고 있습니다. 아마 중고등학생들도 마찬가지일 것입니다. 그러기에 일반적으로 "선생님을 얼마나 좋아하는가."의 문제와

"그 선생님으로부터 얼마나 많은 것을 배울 수 있는가."라는 문제는 분명히 다릅니다.

그러나 그 대상이 영유아기의 아이들이라고 한다면 이야기는 달라집니다. 앞에서 언급한 실험 연구에서 증명되었듯이 어린아이들의 학습에 있어 중요한 것은 '정확한 지식'이나 '효과적인 교수법'은 아니었습니다. 중요한 것은 "누가 그 지식을 전하는가?"였습니다.

인간의 마음은 정보 섭취를 자기 스스로 하도록 진화된 생명체가 아니라, 누군가로부터 배우도록 진화된 생명체입니다. 그러므로 그 누구로부터 배우는가에 따라 학습 효과는 큰 차이가 있습니다. 특히 스스로 정보 수집이나 확인이 쉽지 않은 유아들의 경우는 더더욱 그렇습니다. 그렇다면 이런 이야기가 가능해집니다.

"A교실의 유아들이 B교실의 유아들보다 학습 성과가 좋았다는 사실은 그것은 B교실보다 A교실 선생님의 가르치는 방식이 좋았거나 교재가 좋았다는 이야기가 아니다. 다만 A교실 아이들은 B 교실 아이들보다 선생님에 대한 신뢰가 더 높았기 때문이다."

영유아들은 학습에 있어 선생님의 능력이나 지적 권위보다 '보다 안전한 사람'으로부터 배우고자 하는 욕구가 강합니다.[6] 그러므로 이 시기에는 교육과정이나 가르치는 방식, 교재의 선택은 중요하지 않습니다. 아이들은 선생님에 대한 호감을 시끄럽게 따지면서 신뢰점수를 매기고 그 점수에 따라 가르침을 받아들이고 있습니다. 그렇다면 자녀의 공부에 관심이 많은 부모에게는 이런 조언을 드릴 수 있을 것 같습니다.

"어린이집(또는 유치원)의 선택은 중요하지 않습니다. 물론 학원이나 교재의 선택도 중요하지 않습니다. 중요한 것은 어떻게 하면 우리 아이가 선생님을 좋아하도록 할 수 있는가입니다. 이 문제를 고민하는 게 훨씬 아이의 공부에 도움이 됩니다."

아이들은 우리가 생각하는 것보다 훨씬 일찍, 적어도 3세 때부터 부모를 포함해서 정보를 제공해주는 사람들에 대한 신뢰도 점수를 엄격하게 매기고 있습니다. 인지심리학자 스티븐 핑커(Steven, P.)[7]는 〈아이의 공부학〉에 대한 결론에 도움이 되는 말을 이렇게 하고 있습니다.

"아이의 마음은 아무것도 적혀 있지 않은 돌판이 아니다. 아이들은 아직 초등학교에 들어가기 전에 이미 지도자에 대한 호감을 시끄럽게 따지고 있다."

5장

아이 존중학

"아마 게는 인간이 자신을 '갑각류'도 분류했다는 사실을 안다면
엄청 화를 내면서 틀림없이 이렇게 말했을 것이다. '나는 내 자신이다.
나는 나일 수밖에 없다.'"
-『Personality in Nature, Society, and Culture(1953)』-

천국과 지옥의 차이

19세기 남태평양의 폴리네시아[1]의 섬들을 방문한 한 선교사는 이곳 사람들의 생활상을 본국 교회에 이렇게 보고[2]하였다고 합니다.

"여기는 성경에서 말하는 지옥과 같은 곳입니다. 사람들은 도덕을 모르며, 동물과 다르지 않은 생활을 하고 있습니다."

한편 19세기 유럽의 화가들도 폴리네시아 섬들을 찾았습니다. 그중에 프랑스의 탈인상주의 화가, 폴 고갱(Paul, G.)도 있었습니다. 그는 1891년 작업 활동을 하기 위해 타히티를 비롯하여 폴리네시아 섬을 찾아다니며 생의 마지막 10여 년을 여기서 보내게 됩니다. 당시 그의 입에서 나오는 이야기는 이렇습니다.

"여기는 이 세상에서 이제까지 보지 못했던 천국이다. 사람들의 마음은 순진무구하며 티끌 하나 없는 맑은 호수와 같다."

선교사와 고갱은 모두 같은 광경을 보았습니다. 하지만 한 사람은 "지옥을 보았다."라고 말하고, 또 한 사람은 "천국을 보았다."라고 말하고 있습니다.

그렇다면 무엇이 이렇게 전혀 다르게 느끼게 했을까요? 아마 선교사는 종교적 관점에서 그들의 모습을 판단했을 가능성이 큽니다. 몸에 옷 하나 걸치지 않고 생활하는 그들의 모습이 미개하다고 느껴졌고, 온갖 사물에 영혼이 있다고 믿고 숭배하는 그들의 정령신앙에 질급하였는지도 모릅니다.

그러나 화가 고갱의 생각은 달랐습니다. 자연과 하나 되어 생활하는 그들의 모습은 로맨틱한 모습으로 느껴지면서 이제까지 자신이 동경해왔던 모습으로 와닿았는지도 모릅니다.

'무엇을 보았는가.'가 아니라, '어떻게 보았는가.'에 의해 천국과 지옥이 판가름 났습니다. 그런데 심리학적으로 보면 '어떻게 보는가.'라는 문제는 결국 '자기 자신을 어떻게 보는가.'와 밀접한 관련이 있습니다. 이런 심리적 현상은 그 누구에게나 나타날 수 있는 극히 일반적인 현상입니다. 그런데 이런 일반적인 현상은 때로는 우리의 의식 속에 자취를 감추고는 태연하게 상대방을 비난하기도 하고 편견을 갖기도 합니다.

인간은 자신을 바라보는 것은 싫어하지만, 타인을 바라보고 판단하는 것은 좋아하는 것 같습니다. 미국의 노벨 경제학 수상자 대니얼 카너먼(Daniel, K.)[3]은 이런 말을 했습니다.

> "우리는 자신의 사고방식을 바꿀 수 있는 능력에 대해서는 그다지 자신감이 없지만, 타인의 잘못을 발견하는 능력에 대해서는 상당히 자신감이 있다."

그런데 문제는 이것만이 아닙니다. 타인을 바라보는 자신의 관점에 오류가 있다는 사실을 모르고 있다는 사실입니다. 영국의 코미디언 존 크리즈(John, C.)[4]는 이런 말을 했습니다.

"사람들은 누구라도 자신만의 논리가 있다. 모두 거의 무의식적으로 자신의 논리에 따라 행동하고 있다. 위험한 것은 자신이 그것을 모르고 있다는 사실이다."

인간은 누구라도 하나의 생각 틀 속에서 그 대상을 이해하고 있습니다. 그런데 그 생각의 틀을 본인은 잘 인식하지 못합니다. 그래서 우리는 다른 관점을 가진 그 대상으로부터 배울 점이 많이 있음에도 불구하고 그것을 깨닫지 못하고 하루하루를 보내고 있습니다.

인간의 이런 인식의 맹점을 미국의 작가 데빗드 호스터 올레스(David. F. Wallace)[5]는 '수족관에서 헤엄치고 있는 물고기 이야기'를 빌려서 지적하고 있습니다. 그는 2005년 케니언 대학의 졸업식장에서 물고기 이야기로 시작하는 스피치를 하였습니다. 당시 이 스피치는 '타임즈'에서 사상 최고의 스피치의 하나로 선정될 정도로 대중에게 던지는 메시지가 컸습니다. 물고기 이야기는 이렇습니다.

두 마리의 젊은 물고기가 헤엄치고 있는데, 반대편 저쪽에서 나이가 좀 들어 보이는 물고기 한 마리가 이쪽으로 오고 있습니다. 그 물고기는 젊은이를 만나자 이렇게 물었습니다.

"어~, 젊은 양반, 안녕. 오늘 물은 어때?"

그런데 그 두 마리의 젊은 물고기는 대답도 하지 않고 그냥 스쳐 지나가 버렸습니다. 그리고는 서로 얼굴을 쳐다보면서 이렇게 말했습니다.

"물이 뭐지?"

아마 나이가 많은 물고기는 자기 관심이나 생각처럼 다른 물고기도 오늘의 물에 대해서 관심이 많다고 생각하고 있는 것 같습니다. 그러나 젊은 물고기들은 물에 대한 관심이 전혀 없을뿐더러, 물이 뭔지도 모르고 있습니다.

우리는 대개 자신이 어떤 필터를 통해 세상을 바라보고 있는지를 잘 깨닫지 못하고 있습니다. 그러다 보니 자신이 생각하고 있는 것이 옳다는 확신이나 신념에 차 있는 경우가 종종 있습니다. 이런 사람에 대해 20세기 최고의 지성인으로 꼽히는 버틀런트 러셀(Bertrand, R.)은 현대인에게 "자신의 신념에 대한 과신(過信)이나 확신에 대한 경계심이 필요하다"고 경고하고 있습니다.

〈인간 존중학〉은 이런 경계심에서 시작한다고 할 수 있습니다. 자신의 판단에 대한 의문을 가지면서, 그리고 타인의 관점에 생각하려고 하는 노력에서 '존중학'은 탄생합니다. 이런 생각은 또한, 자신과 다른 다양한 생각이나 관점, 경험, 배경 등을 이해하게 되면서 세상을 더욱 깊고 정확하게 파악하는 데 도움이 됩니다.

그렇다면 상대방의 세계, 즉 그 사람의 생각이나 감정을 소중히 여기려면 어떻게 하면서 될까요? 그 사람과 비슷한 경험을 해보거나 그 사람에게 다가가 그 사람의 이야기를 충분히 들어보면 도움이 될지도 모릅니다.

그러나 그 대상이 '아이'라고 한다면 이런 방법은 쉽지 않습니다. 아이의 세계로 되돌아갈 수도 없고, 아이와 깊은 내면적 이야기를 나누기도 쉽지 않습니다.

그렇다면 어떻게 할 것인가? '어른의 안경'이 아니라, '아이의 안경'이라고 하는 필터로 아이를 바라보려면 어떻게 하면 될까? 〈아이 존중학〉은 이 질문에서 시작하고자 합니다.

남자의 안경과 여자의 안경

스웨덴이나 핀란드 등, 북유럽 나라의 겨울은 눈이 많이 내립니다. 그러다 보니 이들 나라는 겨울이 되면 제설 작업이 만만찮습니다. 사실 이들 나라에 살아본 적이 있는 사람은 누구나 다 아는 이야기입니다. 스웨덴 수도 스톡홀름은 가을에서 겨울에 걸쳐 연간 170일 정도 눈이 내립니다. 그러다 보니 이 나라의 지방자치단체의 역할에는 제설 작업이 하나의 중요한 일로 자리 잡고 있습니다.

스웨덴의 제설 작업의 순서는 먼저 주요 도로에서 시작하여, 그다음은 보행자 전용 도로, 그다음 자전거 도로의 순으로 해서 끝납니다. 지방자치단체 의회는 이런 순서로 제설 작업하는 게 당연하다고 생각해왔습니다(참고로 당시 의회의 구성원은 대부분 남성이었다).

그런데 열심히 제설 작업을 하지만, 여전히 눈으로 인한 사고는 줄어들지 않았습니다. 스웨덴의 한 공무원은 이 문제를 고민하기 시작했습니다.

"왜 그럴까? 열심히 눈을 치우고 있는데, 왜 사고는 줄어들지 않을까?"

그가 고민 끝에 내린 결론은 이렇습니다.

"이제 '남자의 안경'이 아니라, '여자의 안경'을 쓰고 바라보자."

이제 여자의 안경을 쓰고 눈이 내린 아침 출근 장면을 바라보았습니다. 그러자 이 공무원은 생각이 달라졌습니다.

남성들은 대부분 자동차로 출근하지만, 여성들은 걸어서 출근하거나 자전거를 타고 집 가까운 직장을 다니고 있었습니다. 그리고 어린 자녀를 어린이집이나 유치원에 맡길 때도 아이를 안고 가거나 자전거에 태워서 가거나 아이와 손을 잡고 인도를 조심스럽게 걸어가고 있는 모습이 목격되었습니다. 그는 이 모습을 보고는 이런 생각을 하게 되었습니다.

"이제 눈이 내리면 도로의 눈을 먼저 치우는 게 아니라, 인도(人道)나 어린이집, 유치원, 학교 주변의 눈을 먼저 치워야겠다."

스웨덴 북부 지역의 입원 환자의 대부분은 보행자들이라는 통계 데이터가 있습니다. 도로나 길이 얼어붙어 넘어지기 쉬운 상황에서는 보행자가 운전자보다 다칠 확률이 3배나 높다는 통계가 있습니다. 이로 인해 의료 비용이 올라가고 생산성이 낮아지는 문제가 발생하고 있었습니다.

스웨덴의 지방자치단체 의원들도 이 공무원의 생각에 동의하게 됩니다. 이제 의원들도 자신이 쓰고 있던 '남자의 안경'을 벗어 던졌습니다. 그리고 제설 작업의 순서를 차가 달리는 도로보다 인도부터 먼저 시작하는 행정으로 바꾸었습니다.

그러자 마을에 놀라운 변화가 나타났습니다. 눈으로 인한 사고가 이전보다 현저히 줄어들었습니다. 그리고 보험사도 보험료 지출이 줄어들면서 보험가입자들의 보험료 경감으로 이어졌습니다. 한마디로 남자의 안경에서 여자의 안경으로 바꿔서 세상을 바라보게 되면서 얻게 된 흥미로운 성공담입니다.

사실 스웨덴 지방자치단체 의원들이 이제까지 여성을 의도적으로 차별하거나 무시하고자 해서 인도보다 도로의 눈을 먼저 치우는 행정을 하였던 것은 아니었습니다. 단지 그들은 매일 차로 출근을 하다 보니 자기 생각의 틀, 즉 '남자의 안경'에서 벗어날 수 없었던 것입니다.

이제부터는 '아이의 안경'에 대해서 이야기하고자 합니다. 어른의 안경과 아이의 안경은 어떻게 다를까요? 만일 우리가 아이의 안경을 쓰고 아이를 바라본다면 아이가 원하는 '존중'을 할 수 있게 될지도 모릅니다.

아이의 안경과 어른의 안경

어른의 안경은 언제나 아이라는 대상을 '의존관계'로 바라보고 있습니다. "아이는 아직 모든 면에서 미숙하고, 자기중심적이며, 자기 보호 능력이 없다"고 생각하고 있는 것 같습니다.

그러나 아이의 안경을 쓰고 바라보면 이런 생각이 바뀔지도 모릅니다. 아이들이 원하는 관계는 '의존관계'가 아니라, '신뢰 관계'입니다. 나를 믿고 지켜봐 주는 모습, 실수나 실패할지라도 성급히 손 내밀지 않는 부모나 선생님의 모습에서 아이는 이렇게 생각하고 있을지도 모릅니다.

"엄마(또는 선생님)는 내가 언젠가는 잘할 수 있을 거로 믿고 있구나."

〈아이 존중학〉은 어른들의 이런 모습을 통해 실현될 수 있습니다. 물론 아이마다 안경의 색깔이 달라서 그 색깔로 그 아이를 바라보는 것이 존중 실천의 중요한 포인트가 됩니다. 레지오 에밀리아 유아교육의 창시자이며 실천자인 이탈리아의 로리스 말라구찌(Loris, M.)[6]의 유명한 시에는 이런 내용이 있습니다.

「하지만 100은 있다.」

아이에게는 100은 있다.
아이에게는
100의 언어, 100의 손, 100의 생각, 100의 생각하는 방법,
놀이나 말하는 방법 100, 언제나 100의 듣는 방법, 감탄의 표현,
사랑하는 방법,
노래하거나 이해하는 데도 100의 즐거움.
발견하는 데 100의 세계
발명하는 데 100의 세계
꿈을 꾸는 데도 100의 세계가 있다.
아이에게는 100의 언어가 있다.

(그러고도 더 더 더)

하지만 99는 빼앗아가버린다.
학교나 문화가
머리와 몸을 분리해버린다.

~중략~

아이들은 100의 세계에 살고 있습니다. 물론 100이라는 표현은 상징적인 표현입니다. 그만큼 아이들은 다양한 개성적 세계를 살고 있다는 의미입니다. 그래서 그 아이에게 맞는 존중의 방식을 알고자 한다면 100의 세계 가운데 그 아이가 몇인지를 알아야 합니다.

그런데 그 아이가 100의 세계 가운데 몇인지를 가장 잘 아는 사람은 누구일까요?

아동 전문가들은 아닙니다. 그들은 아이의 세계에는 '100의 세계'가 있다는 것은 알고 있지만, 그 아이가 100 가운데 몇인지는 모릅니다. 아동 전문가들이 쓰고 있는 안경은 언제나

'이론의 안경'입니다. 이론의 안경으로 바라본 '아이 모습'은 틀리지는 않지만, 지금 내 눈앞에 있는 아이에 관한 이야기는 아닙니다. 때문에, 아동 전문가는 그 아이에게 맞는 존중의 방식을 구체적으로 알지는 못합니다.

그림을 잘 그리는 아이는 그림을 통해서, 노래를 좋아하는 아이는 노래를 통해서, 운동을 좋아하는 아이는 운동을 통해서, 벌레잡이에 집착하는 아이에게는 그 집착에 대한 존중을 통해서…. 아이마다 그 모습이 다양해서 존중의 방법도 다양할 수밖에 없습니다. 그 아이가 어떤 성향인지, 무엇을 좋아하는지, 무엇을 잘하는지 등을 가장 잘 아는 사람은 그 아이와 매일 함께하는 부모나 교사입니다. 이렇게 보면 교사는 부모만큼이나 아이에게 존중의 메시지를 쉽게 전할 수 있는 입장에 있는 사람입니다.

그런데 아이와 항상 함께하는 부모나 교사라고 할지라도 여기에 하나의 난제(難題)가 있습니다. 부모나 교사가 아이의 안경을 쓰고 아이를 바라본다고 하지만, 역시 여기에도 바라보는 사람의 가치관이나 욕구가 무의식적으로 개입된 경우가 많습니다. 그러기에 사실 "그 아이가 정말 원하는 존중은 무엇인지." 정확히 알기는 어렵습니다.

인간의 뇌는 우리가 생각하는 만큼 그 기능이 정확하지도 합리적이지도 않습니다. 하루에도 오감을 통해 엄청난 정보가 입력되기 때문에 그 모든 정보를 하나하나 꼼꼼하게 처리하기란 쉽지 않습니다. 그래서 인간의 뇌는 '적당주의 작업'을 할 수밖에 없습니다. 이 때문에 인간의 뇌는 기대하는 것은 지각하고, 기대하지 않는 것은 지각하지 않게 되는 실수를 범하고 있습니다. 프랑스 과학 범죄 조사학교의 '슬로건'에는 이런 말이 있습니다.

"눈은 그것을 찾고자 하는 것 이외의 것은 보이지 않는다. 그런데 찾고자 하는 것은 이미 마음속에 있는 것에 지나지 않는다."

우리는 그 사람을 나쁜 사람으로 보게 되면 우리 눈에는 그 사람의 좋지 않은 행동만 눈에 들어오기 쉽습니다. 그래서 프랑스의 범죄 수사 학교는 범죄 혐의자를 조사할 때 이 점에 대해 경계가 필요하다고 이야기하는 것 같습니다.

아이가 원하는 〈아이의 존중학〉이란 과연 무엇일까요? 우리는 아이의 안경을 쓰고 이 문제를 생각한다고 하지만, 뇌의 이런 적당주의 작업 때문에 사실 그 답을 찾기란 쉽지 않습니다. 본서는 아인슈타인[7]이 18세기 한 극작가의 말을 인용한 말을 독자에게 들려드리고 싶습니다.

"진실을 추구하는 마음은 진실을 확실하게 소유하는 것보다 훨씬 소중하다."

〈아이 존중학〉에 대한 답을 찾는 것보다 '아이가 원하는 존중이란 무엇인가'를 끝없이 고민하는 과정이 중요하다고 생각합니다. 그런 고민의 과정을 통해 우리는 아이가 원하는 존중에 조금이나마 다가설 수 있다고 생각합니다.

그리고 또 하나 중요한 게 있습니다. 그것은 '아이 존중'의 마음이 실현될 수 있도록 하는 우리 사회의 '성실한 지원'입니다. 이에 대해서는 다음 세션에서 이야기하고자 합니다.

여유 상실의 상황에서는 존중학은 없다!

사실 아이에 대한 존중은 중요하며, 그 방식은 아이마다 다르다는 이야기는 특별한 이야기는 아닙니다. 누구나 다 아는 이야기이기도 합니다. 그런데 문제는 이러한 사실을 알고는 있지만, 이를 실천하기가 쉽지 않다는 것입니다.

아이 존중이 중요하다는 것은 알고 있고, 그리고 그 방법도 알고는 있지만, 이를 실천하는 게 쉽지 않은 이유가 무엇일까요? 그 이유는 실천자의 '여유'라고 상황적 요인이 개입되기 때문입니다. 양육자나 교육자의 여유 상실의 상황에서는 〈아이 존중학〉의 이야기는 의미 없습니다.

최근 '다양성(diversity)'이라는 단어가 사회적 관심이나 주목을 받고 있습니다. 학교 교육 목표에 이 단어가 등장하기도 하고, 장애 올림픽에는 '다양성과 조화'라는 슬로건으로 사회 소수자에 대한 존중의 가치를 강조하기도 합니다.

그런데 역사를 돌아보면 다양성의 존중은 언제나 그 사회의 '여유'와 관련이 있었습니다. 예를 들어 사회적 소수자나 약자에 대한 존중은 그 사회나 집단이 가진 '여유'에 따라 달랐습니다.

그렇다면 그 사회나 집단이 가진 여유란? 그것은 정치적 안정의 여유, 경제적 안정의 여유, 그리고 문화의 풍요로움과 같은 여유였습니다. 이러한 여유를 상실한 사회는 언제나 전체주의로 빠지면서 사회적 소수자나 약자들에 대한 배척이나 폭력이 횡행했습니다. 그 대표적인 나라가 나치 시대(1933~1945년)의 독일[8]이었습니다. 당시 나치 독일은 인종의 다양성, 그리고 사회적 소수자나 약자에 대한 존중을 철저히 부정하는 전체주의의 극치였습니다.

학력이 높은 부모의 아이들은 그렇지 못한 부모의 아이들보다 학업 성적이 우수하다는 연구가 있습니다. 그 이유에 대해 분석한 결과, '여유'의 차이였습니다. 학력이 높은 부모는 경제적, 시간적 여유가 있었습니다. 그러다 보니 자녀에게 향하는 언어는 부드럽고, 존중의 언어가 많았습니다. 그리고 자녀의 문제를 대화로 풀어나가는 모습도 많이 보였습니다.

그러나 여유가 없는 부모는 그렇지 못했습니다. 존중의 언어보다 명령이나 지배적 언어가 많았습니다. 그리고 자녀 문제 해결도 대화보다는 일방적이었습니다.

이렇게 보면 "아이 존중학은 부모나 교사의 여유로부터 탄생한다."는 이야기로 귀결되는 것 같습니다. 여유 상실의 보육이나 교육현장에서는 아이 존중이 쉽지 않습니다. 우리 사회가 〈아이 존중학〉에 대한 관심이 있고, 그리고 이를 실천하고자 하는 의지가 있다면 오늘날의 보육이나 교육현장에 여유가 있는지에 대해 눈을 돌릴 필요가 있습니다.

오늘날 보육이나 교육현장에서는 일이 너무 많습니다. 수업, 행사, 각종 특별 활동이나 프로그램, 일지 작성, 평가 준비 등. 이런 상황에서는 아이 존중의 실천은 쉽지 않습니다.

이런 바쁜 상황에서는 아이들에게 "오늘도 선생님이 나를 소중히 여겨주었구나."라는 체험을 제공하기란 쉽지 않습니다.

존중의 실천을 위해서는 반드시 아이와의 1대 1만남이 필요합니다. 아이와의 1대 1의 만남을 통해서 그 아이에게 존중의 메시지를 전할 수 있습니다. 그러려면 아이를 만나는 자들에게는 '여유'가 필요합니다.

서양 보육이나 교육은 이런 사실을 잘 알고 있는 것 같습니다. 그래서 아이 존중의 시간을 최대한 확보하기 위해 어린이집이나 유치원에는 행사가 없는 게 특징[9]입니다. 프랑스나 핀란드의 경우는 운동회도, 재롱잔치도 없습니다.[10] 심지어 입학식이나 졸업식도 없습니다. 생일 축하 정도가 있을 뿐입니다. 수업이나 각종 행사나 프로그램 등은 부모를 만족시키는 것에 지나지 않으며, 아이 존중 체험에는 방해가 되는 요소라고 보는 것 같습니다. 우리나라처럼 수업이나 행사, 일지 작성 등, 하루의 많은 일과 수행으로 아이들의 존중 체험에 필요한 그 아까운 시간을 희생하는 행정은 하지 않는 것 같습니다.

물론 다양한 문화와 인종으로 구성된 서양은 나라에 따라, 그리고 지방자치단체나 설립 주체에 따라 보육이나 교육환경도 그 내용도 다양합니다. 그러나 그 기본적 지향점은 공통적으로 아이 존중에 있습니다[11]. 이제 본 장을 정리한다면 이렇게 말할 수 있을 것 같습니다.

"아이 존중학에 대한 어른들의 의식 무장은 중요합니다. 그러나 그것을 실천할 수 있는 상황적 여유가 존재할 때 비로소 그 의미를 지닌다는 사실에 대한 이해가 더 중요합니다."

6장

아이 세상학

"그들은 빵을 찾고 있지만, 스스로 빵집을 파괴하고 있다."
- 스페인 철학자 오르테가(Ortega, y G.) -

세상학은 균형이다

인간의 뇌는 언제나 상반된 두 가지 시스템이 작동하고 있습니다. 하나는 자신의 욕구를 즉시 충족하기 위해 작동하는 시스템, 즉 'Hot system'입니다. 또 하나는 미래의 이익을 위해 현재의 욕구를 억제하는 시스템, 즉 'Cool system'입니다. 비유적으로 표현하면 전자는 베짱이 같은 시스템, 후자는 개미 같은 시스템이라고도 말할 수 있습니다. 인간의 삶에 있어 중요한 것은 이 두 시스템 작동의 균형입니다. 여기서 우스개 이야기를 하나 하겠습니다.

"베짱이는 일은 하지 않고 매일 놀기만 하다 보니 겨울이 되자, 저장해둔 곡식이 없어 배를 쫄딱 굶게 생겼습니다. 베짱이는 고민 끝에 이웃집 개미 댁으로 가서 개미의 도움을 기대하며 문을 노크했습니다. 그런데 반응이 없습니다. 이번에는 "잠깐만 할 이야기가 있으니 잠시 문 좀 열어 줄 수 있소?"라고 큰 소리로 말을 해보았습니다. 여전히 반응이 없습니다. 이제 문틈 사이로 입을 집어넣고 더 큰 소리로 말해보았습니다. 여전히 조용합니다. 할 수 없어 방 창문을 살짝 열고 얼굴을 빼꼼히 내밀고 들여다보았습니다. 순간 베짱이는 깜짝 놀랐습니다. 아니 개미들이 여기저기 쓰러져 있는 게 아닌가. 개미들은 여름 내내 너무 무리해서 모두 과로사했던 것입니다."

물론 이 이야기는 그냥 웃고자 하는 것만은 아닙니다. 인간의 삶에는 베짱이처럼 현재의 욕구 충족도 중요하지만, 한편으로는 개미처럼 내일을 위해 현재의 욕구를 억제하는 것도 필요합니다. 'Hot system'과 'Cool system'의 균형은 세상을 살아가는 지혜입니다. 인간은 꿈을 포기하지 않고 그것을 향해 열심히 노력하는 것도 중요하지만, 한편으로는 상황에 따라 그 꿈에 집착하지 않고 현실에 맞게 꿈을 조정하면서 살아가는 모습도 필요합니다.

아이에게 베짱이의 삶을 기대한다면 그것은 아이의 '개성화 존중'의 모습에 가깝다고 할 수 있습니다. 만일 개미의 삶을 기대한다면 '사회화 훈련'의 모습에 가깝다고 할 수 있습니다. '개성화 존중'은 그 개인의 생각이나 욕구를 우선시하게 됩니다. 그러나 사회화는 집단의 규범이나 질서, 타인에 대한 배려나 협력을 우선시하기 때문에 때로는 개인의 생각이나 욕구가 억제되기도 합니다.

최근 아동발달을 설명하는 이론으로 '집단 사회화이론'이 주목을 받고 있습니다. 아이들은 성장 과정에서 부모나 가족 이외에 여러 집단에서 다양한 사람으로부터 영향을 받으면서 사회화를 학습하는 게 중요하다고 보는 이론입니다.

그러므로 아이 성장의 방향은 '개성화'와 '사회화'의 균형 발달로 귀결되는 게 가장 이상적이라고 할 수 있습니다. 아이의 개성만 존중해서는 나중에 사회생활 적응이 어려운 인간으로 성장하기 쉽습니다. 반대로 아이에게 사회화만 강조하면 언제나 사람들의 눈치만 보는 아이로 성장하기 쉽습니다. 성장 과정에서는 이 두 세계의 균형 발달이 중요하다고 할 수 있습니다. 이를 통해 아이들은 '세상을 살아가는 힘'을 소유할 수 있게 됩니다.

〈아이 세상학〉이란, 세상을 살아가는 아이의 힘을 말합니다. 이 힘은 아이의 '개성화'와 '사회화'의 균형 발달을 통해 달성될 수 있습니다.

그렇다면 이를 위한 우리 사회의 역할은 무엇일까요? 그것은 가정과 보육 · 교육기관의 역할 분담의 충실입니다. 가정은 아이의 개성화 존중에 최적화된 환경이라고 한다면, 어린이집이나 유치원, 학교 등의 집단은 사회화 훈련의 장으로 최적화된 환경[1]이라고 할 수 있습니다(그림 참조). 이를 위해서 우리는 어린이집이나 유치원은 모성적 관계를 재현하는 곳이 아니라는 사실을 흔쾌히 받아들이는 게 중요합니다.

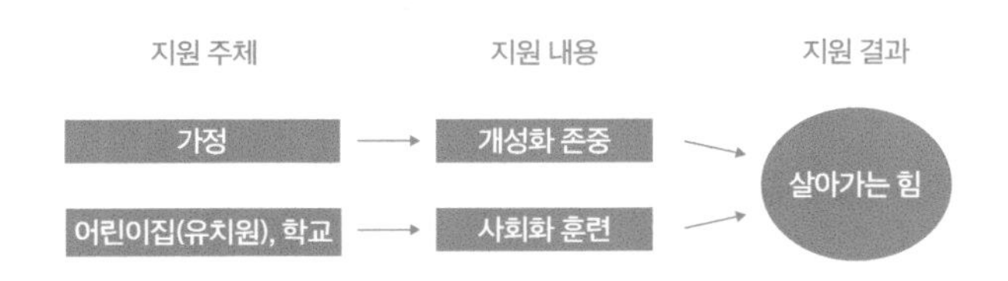

세상학의 시작

아이 세상학은 어릴 때부터 타인이 존재하는 집단 안에서의 경험에서 시작됩니다. 그곳에서는 통제가 있고, 질서가 있습니다. 그리고 타인을 배려하는 마음과 협력도 필요합니다. 그러기 위해서는 우리는 프랑스 보육지침의 서문(序文)[2]에 나와 있는 다음 문구에 공감해야 한다고 생각합니다.

"어린이집(유치원)은 모성적 관계를 재현하는 곳이 아니다."

만일 당신이 아이에게 세상학을 가르치고 싶다면 아이를 왕처럼 만들어서는 안 됩니다. 선생님의 지도에 잘 따르도록 해야 하고, 집단의 질서나 룰(rule)을 지키도록 해야 합니다. 친구에게는 매너 있게 대하도록 가르쳐 나가야 합니다. 부모들은 여기에 자신의 애착 감정을 집어넣거나 요구해서는 안 됩니다.

세계적으로 육아와 관련된 저서 활동과 강연자로 잘 알려진 유아교육학자 하리스(J. R. Harris)는 자신의 저서 『육아의 대오해』[3]에서 자녀를 어린이집에 보낼 때의 일화를 이렇게 소개하고 있습니다.

> "어머니로서 가장 마음이 아팠던 것은 딸의 나이가 3세 때였습니다. 그날은 딸을 어린이집에 처음 맡긴 날이었습니다. 딸은 얌전하고 조금은 겁도 많은 아이인데, 이날 처음으로 엄마 곁을 떠나 어린이집에서 보내야 하는 날이었습니다. 아이는 나와 함께 보육실에 들어가자, 나를 두고 친구들에게 다가가는 모습이 보였습니다. 그러자 바로 선생님이 다가와서는 "아이는 괜찮을 거예요."라고 말하며 나에게 밖으로 나갈 것을 요구하였습니다. 나는 선생 말에 순종하였고, 밖으로 나갔습니다. 그 선생님은 내가 교실 밖으로 나가자마자 바로 문을 닫아버렸습니다.
>
> 그런데 보육실 문이 닫히자, 딸의 우는 소리가 들렸습니다. 딸은 울면서 닫힌 문을 두드리면서 나를 찾았습니다. 이때 보육실 안의 선

생님이 딸에게 무슨 말을 하는 것 같았습니다. 그러나 딸은 계속 문을 두드리고 울면서 엄마를 찾았습니다. 나는 보육실로 들어가서 울고 있는 딸을 안아주고 싶었습니다. 그러나 다른 선생님에게 제재당했습니다. 나는 딸에게로 갈 수도 없었고, 보육실 밖에서 딸의 울음소리를 들어야만 했습니다. 그 순간 딸과 함께 심적 고통이 느껴졌습니다.

이후 딸은 어린이집에 적응은 했지만, 아직도 이때의 일을 잊을 수 없습니다. 그때 나는 보육실로 들어가 딸을 안아주고 싶었고, 울음이 그칠 때까지 함께하면서 진정을 시켜주고 싶었습니다. 그런데 선생님은 이런 나의 강한 모성애 욕구 실현을 허용하지 않았습니다.

교실 안으로 다시 들어가지 못하게 한 선생님은 나보다 나이가 조금 많은 분이었습니다. 이날 내가 교사의 말에 순종한 이유는 선생님이 이 보육 현장에서는 권위자이며, 딸을 위해서 그렇게 하는 게 좋다는 사실을 아동 전문가인 나보다 더 정확히 잘 알고 있다고 생각했기 때문입니다."

아동 전문가 하리스 씨는 "어린이집은 모성적인 관계를 재현하는 곳이 아니다."라는 사실을 흔쾌히 받아들였던 거 같습니다. 비록 자신이 세계적으로 유명한 아동 전문가이지만, 어린이집 선생님의 권위에 대한 절대적 존중과 아이 지도 방식에 대한 이해심이라고 하는 것은 결국 앞으로 딸의 살아가는 힘의 육성에 도움이 된다는 생각이 마음 바탕에 있었기 때문일 것입니다.

사실 서양의 어머니들은 일반적으로 자녀의 사회화 훈련장으로 어린이집이나 유치원을 십분 활용하고 있습니다. 아이의 성장이나 발달에 플러스가 된다는 믿음이 있습니다. 그래서 서양의 어머니들은 어릴 때부터 자녀를 어린이집에 보내는 것에 대해 "아이를 집에서 못 맡아주니 미안하다."라는 느낌이 별로 없다고 합니다.

인간은 태어나는 순간부터 관계성 속에서 살아가야 하는 존재입니다. 부모와의 관계에서 시작하여 형제와의 관계, 친구와의 관계, 선생님과의 관계, 이성과의 관계, 직장에서의 인간관계, 배우자와의 관계 등, 죽을 때까지 관계 속에서 살아가야 합니다.

이 관계는 배려와 협력만이 아니라, 책임과 경쟁이라고 하는 부담스러운 과제도 주어지는 관계이기도 합니다. 인간은 이런 관계 속에서 잘 적응하기 위해서는 절대로 왕처럼 행동해서는 안 됩니다.

그러나 오늘날 어린이집이나 유치원, 학교가 사회화 훈련의 장으로서의 그 기능이 많이 쇠퇴해 버렸다는 사실을 부정할 수 없는 것 같습니다. 그러다 보니 오늘날 사회화 훈련의 장에서도 왕이 되어버린 아이들이 적지 않는 것 같습니다.

사회화는 없고 개성화로 판을 치는 우리 사회의 미래를 한번 그려봅시다. 타인에 대한 존중이나 배려도 없는 우리 사회의 미래를 상상해봅시다. 끔찍합니다. 인간의 개성화는 어디까지나 사회화의 가치가 존중되는 범주 내에서의 개성화이지, 그걸 넘어선 개성화는 방종에 지나지 않습니다. 아이에게 세상학을 가르치고 싶다면 우리는 존 스튜어트 밀(J. S. Mill)의 저서, 『자유론(On Liberty)』에 나오는 글귀[4]를 마음에 새길 필요가 있습니다.

"**자유**라는 이름 아래 가치 있는 유일한 자유는 타인의 행복을 빼앗거나 행복을 추구하는 타인의 노력을 방해하지 않는 범위 내에서 자기 자신의 행복을 자기 나름의 방법으로 추구하는 자유이다."

세상을 살아가는 힘

아이들은 언젠가는 따뜻한 부모의 품을 떠나 책임과 경쟁으로 가득한 험난한 세상과 마주해야 합니다. 이때 인간은 고뇌하기도 하고 우울해 하기도 합니다. 아이의 역경 극복의 힘에 관해 연구한 미국의 오클랜드대학교 유아교육학과 와가바야시(若林) 교수[5]는 아이의 건강한 정신 발달의 일환으로서 어느 정도의 시련 경험을 통해서 그것을 극복하는 강인함을 익혀야 한다고 보았습니다.

14세기 중세 이슬람 세계의 최대 학자로 불리는 역사 사상가 이븐 할둔은 "역사적으로 보면 문화와 문명의 쇠망(衰亡)은 불가피하다."라고 보았습니다. 그 이유로 문명의 발달로 인해 인간은 편리함과 풍요로움에 안식하다 보니 의지력이 약화하고, 인내심과 집단 내에서의 연대 의식이 사라지는 현상이 나타나기 쉽기 때문이라는 것입니다.

〈아이 세상학〉에 대한 고민은 역사 사상가 이븐 할둔이 말한 이 3가지 정신, 즉 의지력, 인내하는 힘, 그리고 타인과 함께하는 능력에서 시작해야 한다고 생각합니다. 이 3가지 정신의 함양은 세상을 살아가는 힘이 됩니다.

이 3가지 힘을 아이들이 함양하기 위해서는 서로 다른 체험을 아이에게 제공하는 게 중요합니다. 성장 과정에서 행복한 시간도 필요하지만, 때로는 행복하지 않은 시간도 아이에게는 필요합니다. 즐거운 시간도 필요하지만, 즐겁지 않은 시간도 필요합니다. 이런 서로 다른 세계의 경험을 통해서 아이들은 세상을 살아가는 지혜를 터득해나가게 됩니다.

문제는 이 둘의 적절한 균형 체험입니다. 어느 한쪽으로 너무 치우치면 좋지 않습니다. 인간은 원래 서로 다른 두 세계에 적응적인 행동을 하도록 시스템화되어 있는 생명체입니다. 인간의 뇌는 성장 과정에서 경험하는 세계에 적응해나가면서 발달하고 있습니다. 애정이 충만한 가정의 아이는 행복한 세계에 적응할 수 있도록 발달을 하고, 역경 가운데 살아가는 아이는 그 힘든 상황에 적응할 수 있도록 발달하고 있습니다. 그러므로 행복한 세계에 사는 아이도, 불행한 세계에 사는 아이도 나름대로 그 환경에 적응하면서 살아가고 있습니다. 아이의 살아가는 힘은 이 서로 다른 세계에 대한 경험을 통해 행복을 즐기는 방법, 역경을 이기는 방법을 터득해나갈 수 있습니다.

이렇게 보면 인간의 건강한 모습이란, 어느 한쪽으로 너무 치우치지 않고, 서로 다른 두 세계의 균형 감각을 유지하면서 행복할 때는 행복한 모습으로, 힘들 때는 강한 정신력으로 버티어나가는 모습으로 살아가는 모습이라고 할 수 있습니다.

세상학의 몰락

이탈리아 철학자, 조르조 아감벤(G. Agamben)[6]은 2020년 코로나 위기를 둘러싼 국가 정책을 비판하면서 "자유를 지키기 위해 자유를 제한한다."라는 이 모순을 어떻게 받아들일 수 있는가, 라는 의문을 던졌습니다.

이 의문의 배경에는 2020년 코로나 위기 당시 유럽 어느 나라보다 코로나가 창궐했던 이탈리아 정부는 코로나 확산을 방지하기 위해 적극적으로 국민의 이동을 제한하게 됩니다. 그러자 철학자 아감벤은 생존 이외에 어떤 가치도 중요하지 않은 사회는 도대체 어떤 사회인가라는 의문을 제기하게 됩니다. 그는 인간이 '살아간다는 것'과 '생존한다는 것'은 다르지만, 이를 구분하지 않는 모습을 보면서, 이 모습은 마치 "자유를 지키기 위해 자유를 제한한다."라는 모순과 다름

없다고 생각하였습니다.

사실 '생존하는 것'이 다른 그 어떤 가치 보다 우선시된다면 인간은 살아가는 데 필요한 다른 소중한 것을 포기해야 합니다. 철학자 아감벤은 이 포기에 대한 의문을 제기하였던 거였습니다. 그는 '생명의 보존'도 중요하지만, '인간적인 삶'도 중요하다고 보았습니다. 즉 이 둘의 균형의 가치를 생각했습니다.

이 균형의 가치에 대한 이해는 세상을 살아가는 지혜이기도 합니다. 타인과의 관계에서 내 주장도 필요하지만, 때로는 타인의 의견을 받아들이는 포용력도 필요합니다. 개미처럼 열심히 일하는 것도 중요하지만, 때로는 베짱이처럼 노는 것도 필요합니다.

문제는 이 두 세계의 적절한 균형입니다. 그런데 우리의 보육이나 교육 세계에는 이 균형이 무너졌습니다. 그러면서 필자는 우리 사회에 대해 이런 질문을 던지고 싶습니다.

"아이의 인권이나 복지 이외에 어떤 가치도 소중하게 생각하지 않는 사회는 도대체 어떤 사회인가?"

인간의 인권이나 자유는 고립무원의 상태에서 존재할 수 없습니다. 즉 타인과의 관계에서 인정받고 존중받는 세계입니다. 『인권과 국가』의 저자, 쯔즈이(筒井) 박사[7]는 "보편적 인권 사상의 기본 정신은 타인에 대한 공감(empathy)에서 출발한다"고 주장하고 있습니다. 이 말은 인간의 인권이나 권리의 기본 정신은 자기중심적 세계가 아니라, 타인의 인권과 권리의 존중에 바탕을 두고 있다는 것을 의미합니다. 그러려면 타인의 고통이나 아픔을 공감하는 능력이 필요합니다.

이런 이해가 중요한 이유는 한 개인의 인권이나 권리 추구가 타인의 승인 없이 일방적으로 충족되는 세계가 되면 그 공동체는 무너지기 때문입니다. 그 사회의 공동체가 성립되고 유지되기 위해서는 구성원 개개인의 인권이나 권리 추구는 어디까지나 타인과의 관계나 승인이 전제되어야 합니다. 이 때문에 인간의 인권이나 자유라고 하는 것은 어느 정도 그 사회 속에서의 규범적 구속을 받고 있다고 할 수 있습니다.

그러나 우리 사회는 이런 이해 없이 낭만적이고 관념론적 아동 인권론자들의 주장이 어떤 통제도 없이 날개를 달다 보니 오늘날 보육이나 교육의 장에서는 교육 행위자(교사)의 인권이나 교육적 가치 행위의 권리를 포기해야 하는 상황에 직면해 있습니다. 그 상황의 종말은 〈아이 세상학〉의 몰락입니다. 이런 어리석음을 스페인 철학자 오르테가(Ortega, y G.)[8]는 이렇게 표현하고 있습니다.

"그들은 빵을 찾고 있지만, 스스로 빵집을 파괴하고 있다."

7장

아이 신뢰학

"신뢰란 미지의 세계 속으로 뛰어드는 것과 같다."
- 철학자 알폰손린기스 -

마그레브 상인과 제노바 상인의 이야기

고대 로마제국이 무너지고, 이후 11~12세기 중세 유럽의 지중해 무역에서 이슬람권과 유럽을 오가며 상업활동을 해 온 집단에는 대표적으로 두 집단이 있었습니다. 하나는 북아프리카 이슬람권을 거점으로 비즈니스를 하는 '마그레브 상인'입니다. 또 하나의 집단은 기독교계의 교권이라고 할 수 있는 현재 이탈리아 남서부를 중심으로 한 '제노바 상인'이 있었습니다.

중세 유럽의 지중해 무역 지도

당시 이 두 집단은 중세 유럽 지중해 무역의 패권을 다투고 있었습니다. 그런데 이 두 집단의 비즈니스 전략에는 명확한 차이가 있었습니다. 마그레브 상인들은 '안심 사회'라고 하는 전략을 사용하였습니다. 안심 사회 전략의 비즈니스란, 자기 사람과 타인을 철저하게 구분하여 자기 사람만을 믿고 거래를 하는 방식을 말합니다. 타인은 믿을 수 없다고 생각한 마그레브 상인은 철저하게 안심 전략으로 거래를 하게 됩니다. 만일 자기 사람이라고 할지라도 한번 배신하게 되면 두 번 다시는 그 사람과는 거래하지 않았습니다. 이 때문에 마그레브 상인들은 한 번이라도 동료를 배신하게 되면 비즈니스를 계속할 수 없기에 언제나 좋은 평가를 받는 게 중요했습니다.

그러나 제노바 상인들의 거래 방식은 마그레브 상인과는 완전히 달랐습니다. 제노바 상인은 '신뢰 사회'라고 하는 전략을 사용하였습니다. 그들은 자기 사람과 타인을 구분하지 않고 거래하였습니다. 그리고 필요에 따라 낯선 중개인을 세우기도 하였습니다.

그런데 이런 방식은 당신도 알다시피 위험부담이 큽니다. 중개인 비용 발생만이 아니라, 중개인이 어떤 사람인지 알 수 없기에 돈을 떼일 수도 있습니다. 그런데도 제노바 상인들은 낯선 중개인을 세워 거래처와 거래를 하는 등, 철저하게 '신뢰'라고 하는 전략으로 비즈니스를 하였습니다.

누가 보더라도 마그레브식의 거래 방식은 안전하고, 제노바식은 위험해 보입니다.

자~, 그렇다면 중세 유럽 지중해 무역의 패권을 최종적으로 거머쥔 상인은 누구였을까요? 최종적인 승자는 제노바 상인이었습니다. 중세 경제 역사를 보면 마그레브 상인은 지중해 무역에서 그 모습이 사라졌지만, 제노바 상인은 발전을 거듭하면서 마침내 지중해 무역의 패권을 거머쥐게 되었다는 사실을 알 수 있습니다.

이 결과는 어쩌면 당연한 귀결인지도 모릅니다. 그 이유가 무엇일까요? 마그레브 상인은 평판을 중요시하면서 집단 내의 배신자가 발생하지 않도록 하는 안심 네트워크를 만들어갔습니다. 그러나 시대 변화에 따른 상권 확대에 따라가지 못해 번영할 수 없었습니다.

그러나 제노바 상인의 거래 방식은 중개인을 세워야 하는 등의 비용이 발생하고, 그리고 비도덕적인 중개인에게 사기를 당하는 등의 위험 비용이 발생하였습니다. 그러나 그것을 넘어서는 거래의 기회가 많아서 결과적으로 이익 증대로 이어졌던 것입니다.

사실 이런 이야기는 경제학에서 특별한 것은 아닙니다. 신뢰를 바탕으로 투자한 금액이 현재의 자금과 비교할 수 없을 정도로 장래에 큰 이익을 가져다주게 된다는 이야기는 경제학에서는 기본 중의 기본이 되는 이야기입니다. '경제학'이란, '신뢰'라고 인간 심리 현상에 의해 지탱되고 있는 세계이기 때문입니다.

『사피엔스(Sapiens)』의 저자, 이스라엘의 역사학자 유발 노아 하라리(Y. N. Harari) 박사는 근대 이후의 경제학은 실체가 없는 인간의 놀라운 상상력에 성립되고 발전해왔다고 보았습니다. 그 놀라운 상상력이란?

'인간에 대한 신뢰'입니다.

사실 우리 사회를 지탱해주는 시스템은 거의 '신뢰'라고 하는 실체가 없는 심리 현상에 의해 유지되고 있습니다. 운전사에 대한 믿음이 있기에 오늘도 우리는 대중교통을 이용하고 있습니다. 미용사에 대한 믿음이 있기에 그 손에 가위나 칼이 있어도 손님은 멋진 머리를 기대하며 설레는 마음으로 그 사람에게 머리를 맡깁니다. 식당 주인이 당신이 주문 요리를 갖다 주는 이유는 식사 후 당신이 요금을 지불할 것이라고 하는 믿음이 있기 때문이며, 당신이 할부로 물품을 살 수 있는 이유는 판매자가 당신을 사기꾼으로 생각하는 것이 아니라, 매달 할부금을 꼭꼭 입금해주는 도덕적 인간이라는 믿음이 있기 때문입니다.

신뢰 전략의 손익계산

'신뢰'라고 하는 것은 지금 일어나고 있는 것이나 앞으로 일어날 것에 대해서 알 수가 없을 때 그것을 인간이 주관적으로 보완하고자 할 때 나타나는 심리적 현상입니다. 그래서 철학자 알폰손린기스는 이렇게 말했습니다.

"신뢰란 미지의 세계 속에 뛰어드는 것과 같다."

미지의 세계는 알 수 없고, 그래서 항상 불안합니다. 이 때문에 미지의 세계에 대한 믿음은 당연히 위험부담이 따를 수밖에 없습니다. 그러나 제노바 상인의 결산서처럼, 나중에 손익계산을 해보면 그 위험부담에 따른 손실 비용은 최종적으로 손에 넣게 되는 이익보다 크지 않습니다.

경제학 용어에 '기회비용'이라는 말이 있습니다. 기회비용이란, 어떤 선택으로 인해 포기한 기회 또는 그러한 기회의 최대가치를 뜻합니다. 제노바 상인의 성공 비결은 기회비용을 최대한 활용했다는 점입니다. 그러나 마그레브 상인은 기회에 따른 손실 비용이 두려워 믿을 수 있는 사람만 거래하다 보니 결국 지중해 무역의 패자가 되어버렸습니다.

어떤 의약품이나 백신, 수술일지라도 절대 어떠한 부작용이나 위험도 없는 약품이나 백신, 또는 수술은 없습니다. 그러나 우리가, 예를 들어 백신을 접종하는 이유는 백신 접종을 통해 얻는 이익이 가끔 혹은 드물게 일어나는 부작용, 즉 불이익보다 더 크기 때문입니다. 그러나 만일 백신 접종에 따른 부작용에 대한 두려움 때문에 백신 접종을 하지 않는다면 그것은 백신 접종의 기회비용을 포기하는 사람입니다.

기회비용을 포기하는 사람은 지금 현재의 안심이나 이익이 중요하다고 생각하는 사람입니다. 그러나 기회비용을 과감하게 활용하는 사람은 지금 현재의 안심이나 이익보다는 지금은 조금 불안하고 손실이 발생할지라도 나중의 큰 이익을 생각하는 사람입니다. 한마디로 전자는 '안심 전략', 후자는 '신뢰 전략'이라고 할 수 있습니다.

이런 전략의 차이에 따른 효과가 가장 크게 나타나는 세계가 있습니다. 그 세계는 '양육과 교육의 세계'입니다. 성장 과정에서 아이들은 실패하기도 하고, 때로는 잘못해서 부모(또는 선생님)에게 혼이 나기도 하고, 학교에서 성적이나 친구 관계로 스트레스를 받기도 합니다. 만일 이게 걱정이 되어 안심 전략으로 아이를 양육하고 싶다면 방법은 간단합니다.

아이를 학교에 보내지 않으면 됩니다. 그러면 성적이나 친구 관계에 따른 스트레스를 줄일 수 있습니다. 그러나 당연한 이야기이지만, 이 방법은 사회성 발달만이 아니라, 교육의 기회를 통해서 얻을 수 있는 '미래의 큰 가능성'을 아이에게서 빼앗아버리는 방식입니다.

아이에게 현재의 이익이 아니라, 미래의 큰 보상을 준비해 주고자 한다면 '안심 전략'보다는 '신뢰 전략'을 통해 양육과 교육의 기회비용을 최대치로 끌어올리는 방법이 현명합니다. 아이가 다치거나 실패할지라도 야단법석을 떨지 않고 묵묵히 지켜보는 부모는 미래가 가져다주는 큰 보상에 대한 기대감을 포기하지 않는 지혜로운 부모입니다.

성공의 길로 인도하는 여정은 언제나 인간에게 '현재의 안심'을 희생 제물로 요구하고 있습니다.

부모들은 '사실에 대해 의미부여'를 하고 있다

"왜 우리는 아이를 신뢰할 수 없나요?"

그 이유는 우리가 '사실'을 보는 게 아니라, '사실에 대해 의미'를 부여하기 때문입니다. 예를 들어 설명해보겠습니다. 아이가 "내일부터 공부하겠다"고 말하지만, 부모로서는 그 말을 신뢰하기란 쉽지 않습니다. 왜냐하면, 이제까지 아이가 "내일부터 공부하겠다"고 말했지만, 이 말을 지키지 않았던 적이 여러 번 있었기 때문입니다.

그런데 가만히 따져봅시다. "아이가 내일부터 공부하겠다."라는 말은 미지(未知)의 일입니다. 즉 앞으로의 일입니다. 그런데 아이의 이 말을 믿지 못하는 부모는 '사실', 즉 "공부하겠다"고 하는 아이의 말은 중요하지 않다고 생각하고 있습니다. 중요한 것은 이제까지 자신의 경험을 통한 해석입니다. 즉 "아마 이번에도 말만 하고, 역시 공부하지 않을 것이다."라고 하는 해석입니다.

그런데 만일 평소 열심히 공부하던 아이가 어느 날 갑자기 "엄마, 오늘은 공부하고 싶지 않아요. 내일 공부할게요."라고 말했다고 가정해봅시다. 아마 엄마는 "쉬는 날도 필요하겠지."라고 생각할 뿐 내일도 공부하지 않을 것으로 생각하지는 않을 것입니다.

이처럼 우리는 '사실'을 보는 게 아니라, '사실에 대한 의미부여'를 통해 아이의 말을 신뢰하기도 하고 불신하기도 합니다. '신뢰'나 '불신'이라고 하는 심리 현상의 실체는 이처럼 현재의 사실에 대한 의미부여를 통해서 갖게 되는 마음입니다.

그런데 부모의 이런 추론적 해석, 즉 사실에 대한 의미부여는 이후 부모 자신의 행동을 지배해버리는 문제가 발생합니다. 아이를 불신하는 마음을 가진 부모는 아이의 행동을 묵묵히 지켜보기보다는 아이의 행동을 더 간섭하거나 통제하기 쉽습니다. 그러면 아이는 의도적으로 불신적인 행동을 더 하게 된다든지, 아이도 부모에 대해 불신감을 갖기도 합니다.

아이는 평소 부모의 언행 불일치(言行 不一致) 모습을 보고 있습니다. 그래서 부모가 바람직한 행동에 대한 정론(正論)을 설파하는 순간, 아이는 부모의 언행 불일치의 행동에 눈을 돌립니다. 예를 들어, 동생과 다투어서는 안 된다고는 말하는 엄마의 입을 보면서 아이의 머릿속에는 아빠와 다투는 엄마의 모습을 머리에 떠올립니다.

'신뢰한다'고 하는 것은 관점을 바꾸는 것이다

'신뢰한다'고 하는 것은 철학자 알폰손린기스가 말한 것처럼 미지의 세계에 뛰어드는 용기가 필요합니다. 그러기 위해서는 아이에 대한 관점을 바꾸는 것부터 시작해야 합니다. 아이의 언행을 '현재의 관점'이 아닌, '목표를 향한 하나의 과정'으로 바라보는 것입니다.

비록 '공부하겠다'는 말을 지금은 지키지 않지만, 그래도 그렇게 말하는 아이의 마음에는 나쁜 의도는 없으며, 또한 아이의 이 말은 실천 여부와 관계없이 미래를 향한 목표의 과정에서 '소중하다'라는 생각으로 받아들이는 것입니다.

그러면 아이는 부모로부터의 믿음, 즉 신뢰의 축복을 받게 되면서 미래를 향해 자신의 의지로 나아가고 싶다는 의욕을 갖게 됩니다.

이제까지 엄마와의 약속을 지키지 않았지만, 그런데도 신뢰의 눈빛으로 자신을 바라보는 엄마의 모습에서 아이가 느끼는 기분은 어떤 기분일까요? 벨기에 심리학자, 드 그래후 박사(De Greeff)는 그 기분을 이렇게 표현하고 있습니다.

"아마 이때의 쾌감은 하늘을 나는 기분은 아닐까요?"

심지어 청소년의 공격성이나 비행 문제를 "그 아이를 믿을 수 있는가, 없는가"의 문제[1]로 보는 학자도 있습니다. 아이 공격성의 긍정적인 측면에 대해 연구한 영국의 정신과의사 스토(Storr, A.) 박사[2]는 부모들에게 이런 부탁을 하고 있습니다.

"부모는 아이가 외부로부터의 위험이나 자신의 공격적 감정을 적절하게 처리할 수 있다는 믿음을 갖고 양육을 해야 합니다."

오스트리아 출신의 범죄 심리학자 고흐토 박사(Kohut, H.)[3]는 공격성이 강한 아이가 앞으로 건강하게 성장할 것인가의 문제는 아이와 마주하는 '부모 눈의 반짝임'으로 알 수 있다고 말했습니다. '눈의 반짝임'이라는 표현이 독자에게는 매우 추상적으로 들릴지는 모르겠지만, 비행 청소년을 치료해본 경험이 있는 전문가들은 상당히 납득이 가는 표현이라고 말하고 있습니다.

부모로부터 불신과 버림받고 자란 비행 청소년들은 어른과 마주하는 순간, 이 어른이 자신에게 희망을 걸고 있는지, 아니면 자신을 포기하려고 하는지를 그 눈빛으로 알 수 있다는 것입니다. 그러면서 박사는 이런 주장을 하고 있습니다.

"비행 청소년은 흉악화되고 있는 게 아니라, 흉악화되게 하고 있다."

"불신은 불신을 낳고, 신뢰는 신뢰를 낳는다."라는 말이 있습니다. 일본의 범죄학 교수 우매자와(梅澤) 교수는 자신의 저서 『범죄에 이르는 심리(犯罪へ至る心理)』에서 절도죄로 소년원을 들락거리던 한 소년(이름은 '후레데리그')에 관한 이야기를 소개하고 있습니다. 이 소년에 관한 이야기는 우매자와 교수가 벨기에 범죄 심리학자 드 그래후(De Greeff) 박사[4]가 자신의 경험담을 저술한 책의 내용을 인용한 것입니다.

그 인용한 내용을 간략하게 소개하면 이렇습니다.

"**후레데리그**는 그동안 절도행위로 소년원을 몇 번 다녀온 아이다. 이후 새로운 양육자를 만나서 새 가정의 일원이 되어 살아가는 아이의 모습에서 점점 달라지는 아이의 표정을 발견하게 된다.
하루는 양육자는 후레데리그에게 100프랑을 주면서 뭔가를 사 올 것을 주문한다. 후레데리그는 심부름을 하고 돌아오는 길에 자신의 새 양육자에게 줄 선물로 길가에 피어 있는 꽃을 몇 송이 따서 가슴에 안고 행복한 표정을 짓는다. 그리고 뜀박질하며 집으로 돌아간다."

드 그래후 박사는 이 모습에서 아이의 마음을 이렇게 그려내고 있습니다.

"100프랑의 돈을 받고 심부름하는 이 아이는 이제 '자신에게 돈을 맡겨도 괜찮다, 걱정하지 않아도 된다.'라고 하는 걸 모든 사람에게 보여줄 수 있다. 이게 이 어린 절도범에게는 얼마나 행복을 느끼게 하는 것인지…. 절도죄로 붙잡혀 소년원에 몇 번 갔다 왔지만, 어떤 주저함도 없이 돈을 건네면서 심부름을 부탁받은 이 아이는 마음속에 얼마나 큰 기쁨과 자신에 대한 자긍심으로 충만했을까?"

그러면서 박사는 글의 끝을 이렇게 맺고 있습니다.

"이 사실을 조금이라도 알고 있는 사람이 있을까?"

8장

아이 안전학

"안전, 안심은 인류를 멸망시킨다."
- 일본 쿄토 대학교 법철학 교수 , 나스 코스케(那須耕介) -

왜 아이들은 장미를 만질 수 없는가?

"아이에게 성냥과 종이를 줘서 활활 타오르는 불꽃과 재가 되어 사라지는 종이의 생명을 경험하게 하자!"

아마 이런 제안에 동의할 부모는 많지 않을 것입니다.

"왜 아이들은 장미를 만질 수 없는가?" 우리나라 어린이집에는 장미가 없습니다. 있다고 할지라도 아이 손이 닿지 않는 곳에 있습니다. 장미에는 가시가 있어 아이들이 다칠 수도 있다고 생각하기 때문일 것입니다.

아이의 안전 문제에 대한 우리의 대응전략은 오직 하나입니다. '안전한 환경'의 제공입니다. 이 방법이 최고라고 생각하고 있습니다.

하지만 아이에게는 최악의 방법입니다. 안전에 대해 완전히 무력한 아이로 만들어 버리기 때문입니다. 〈안전학〉의 이야기는 우리에게 이렇게 경고하고 있습니다.

"안전한 환경은 아이를 안전에 대해 완전히 무력한 존재로 만들어 버린다."

한마디로 '안전의 역습(逆襲)'입니다.

그런데도 우리는 왜 오직 안전한 환경의 제공에만 집착하고 있을까요? 그 이유는 간단합니다. 아이에 대한 불신 때문입니다. 아이들은 위험한 상황에 대한 인식 능력도, 대처능력도 없다고 생각하고 있습니다. 그러나 이 생각은 완전히 옳지 않습니다.

다음 세션에서 '〈안전학〉에 대한 이야기'와 '울퉁불퉁 유치원'에 대한 이야기를 해보겠습니다.

'안전학'에 대한 이야기

"이 세상 어디에도 100% 안전이라는 곳은 없다."

이 주장은 '위험 관리학'이나 '리스크 관리학'에 나오는 이야기입니다. 안전학의 전문가들의 이야기[1]에 의하면서 아무리 안전하다고 할지라도 그 정도는 '60% 정도의 수준'이라는 것입니다. 이 주장을 양육이나 교육현장에 그대로 대입을 시키면 이런 이야기가 됩니다.

"아이의 안전을 위해서 부모나 교사가 아무리 애를 쓴다고 할지라도 '40%의 안전'은 어떻게 할 수 없다."

"아이가 다치는 것은 순간이며, 조심하였지만 어쩔 수 없었다."

아마 이 말에 동의하지 않을 부모는 없을 것입니다. 그렇다면 어른들이 어떻게 할 수 없는 40%의 안전 문제의 해결 방법은? 이 방법은 온전히 아이들의 몫입니다. 아이들은 어른이 도와줄 수 없는 40%의 안전의 문제를 스스로 해결해야 합니다. 이 문제 해결에는 신경심리학의 이야기가 도움이 됩니다.

신경심리학 연구에 '좀비 시스템(zombie system)'이라는 용어가 등장합니다. '좀비'라는 용어는 부두교(16~19세기경부터 흑인들이 믿던 종교)에서 유래하는 단어로 '인간에게서 영혼을 뽑아낸 존재'라는 의미를 담고 있습니다. 우리는 주체성이나 자기 의지가 없이 로봇처럼 행동하는 사람을 비유적으로 말할 때, 마치 좀비와 같다는 말을 하기도 합니다.

그런데 안전의 문제를 생각할 때는 이런 좀비 시스템이 꼭 필요합니다. 좀비 시스템은 인간의 복잡한 행동을 자동적이면서 무의식적으로 실행하게 만들기 때문에 위험한 상황을 효과적으로 대처할 수 있습니다. '좀비 시스템'을 심리학적으로 표현하면 '무의식적 반사적 시스템'이라고 말할 수 있습니다.

야구 선수들은 자신의 몸이 좀비 시스템이 될 수 있도록 끝없이 훈련하고 있습니다. 그들은 베팅을 자동적이면서 무의식적으로 잘 할 수 있게 하려고 끝없이 반복 연습을 하고 있습니다. 투수가 던지는 볼은 약 500밀리 초 안에 포수의 손에 들어갑니다. 타자는 공의 움직임을 보고 방망이를 휘두르지만, 운동 피질의 활성화와 근육의 수축에는 약 200~300밀리 초의 시간이 걸립니다. 따라서 타자의 스윙(swing) 결단은 투수가 투구한 직후 즉시 순간적으로 이루어지지 않으면 이미 늦습니다. 그래서 야구 선수들은 즉시 무의식적으로 반사적 스윙 방법을 결단할 수 있도록, 즉 좀비 시스템의 몸이 될 수 있도록 훈련에 훈련을 거듭하고 있습니다.

그렇다면 아이의 사고 예방에 도움이 되는 좀비 시스템의 구축은 어떻게 하면 될까요? 다시 말해서 아이가 위험한 상황에서 무의식적으로 자동적 대처능력을 갖추도록 하려면 어떻게 하면 될까요? 그 방법은 아이에게 '안전하지 않은 환경의 제공'입니다.

안전의 문제는 수학 문제처럼 머리로 푸는 과제가 아니라, 몸으로 해결해야 하는 과제입니다. 따라서 안전하지 않은 환경에서의 경험 이상으로 좋은 안전교육은 없습니다. 이렇게 하면 어른이 도와줄 수 없는 40% 안전의 문제를 아이가 스스로 해결할 수 있습니다.

하지만 아이를 신뢰하지 못하는 어른의 편협한 사고는 안전한 환경의 제공만이 최고라고 생각합니다. 그러나 실상은 최악의 방법입니다. 이 방법은 안전의 주체가 아이들이 아니라, 어른들입니다. 그러면 아이들은 안전의 문제에 대해 수동적으로 될 수밖에 없습니다. 결국, 아이들은 안전에 대해 무력한 존재가 되어 버립니다.

안전을 위한 우리의 보육이나 교육 행정은 오직 '안전한 환경의 제공'에만 초점을 맞추고 있습니다. 이 이야기는 이론적으로 보면 우리의 행정은 오직 '안전에 대해 무력한 아이 육성'에 초점을 맞추고 있다는 이야기와 다름없습니다. 이렇게 안전에 대해 무력한 아이로 만들어 놓고는 보육이나 교육현장에서 아이가 다치거나 하면 그 책임을 교사에게 묻기도 합니다. 이것은 완전히 난센스입니다.

방안에 칼이나 화살이 바닥에 널브러져 있어도 아프리카 아이들이 다치는 않는 이유는, 집안에 뜨거운 난로를 곁에 두고 살아도 알래스카 아이들이 화상을 입지 않는 이유는 무엇일까요? 모두 안전의 주체가 어른이 아니라, 아이가 되도록 키웠기 때문입니다.

안전의 주체가 어른이 아니라, 아이가 되기를 바라는 마음이 간절하다면 일본 교토대학 나스 코스케 교수의 이 말을 새길 필요가 있다고 생각합니다.

"가장 이상적인 안전교육은 모든 안전에 관한 판단을 타인에 맡기는 것이 아니라, 아이 자신의 감각을 믿고 무엇이 안전한지, 경험을 통해서 안전의 감각을 조금씩 키워나가도록 해주는 것이다."

울퉁불퉁 유치원

우리나라 어린이집이나 유치원, 동네 놀이터는 안전장치가 잘 되어 있습니다. 바닥은 울퉁불퉁하지 않습니다. 아이가 놀다가 넘어지지 않도록 해야 한다고 생각하고 있는 것 같습니다. 설령 넘어지더라도 다치지 않도록 쿠션 기능이 있는 바닥재로 깔린 곳도 있습니다.

그런데 '울퉁불퉁 유치원(동경의 한 유치원)'이라는 곳은 좀 다릅니다. 아이들을 위한 안전장치가 거의 없는 유치원입니다. 유치원 마당은 자연 그대로입니다. 큰 돌 작은 돌이 여기저기 박혀 있습니다. 땅이 고르지 않아 움푹 파인 곳도 많습니다.

그래서 동네 사람들은 이 유치원을 〈울퉁불퉁 유치원〉이라고 부릅니다. 이런 우스꽝스러운 별명을 붙일 정도로 이

유치원의 놀이터 바닥은 정말 거칠다고 합니다.

그런데 신기한 것은 유치원 마당이 울퉁불퉁해서 아이들이 넘어지기 쉽거나 다치기 쉽지만, 그런 경우는 거의 없다고 합니다. 만일 이런 바닥 때문에 아이들이 다치는 일이 다반사라고 한다면 아마 그 유치원도 우리처럼 했을 것입니다.

그리고 이 유치원은 울퉁불퉁한 바닥 때문에 흥미로운 일이 일어나기도 한답니다. 그것은 달리기 경주에서 달리기를 잘하는 아이가 항상 1등 하는 게 아니라는 겁니다. 아이들은 바닥이 평탄하지 않고 돌도 많아 잘못하면 넘어질 수도 있다는 걸 잘 알고 있었습니다. 그래서 달리기할 때 아이들은 넘어지지 않으려고 조심스럽게 달리다 보니, 달리기를 못하는 아이가 1등을 하기도 합니다. 교육적으로 무척 흥미로운 이야기입니다.

필자는 매년 학생들을 데리고 일본 어린이집과 유치원을 방문합니다. 유치원은 히로시마 대학 부설 유치원입니다. 이 대학은 부설 유치원이 2개나 있을 정도로 일본에서는 유아교육으로 특성화되어 있는 대학입니다. 둘 중 한 곳은 산속을 놀이터로 삼고 있는 유치원입니다. 이곳을 방문할 때면 학생들은 항상 다음 3가지 사실에 놀라워합니다.

하나는 산 전체가 유치원 놀이터라는 데 놀랍니다.

또 하나는 안전에 대해 거의 무방비한 유치원이라는 사실에 놀라워합니다.

그리고 마지막으로 아이들은 수업은 하지 않고, 종일 놀다가 집에 간다는 사실입니다.

이 유치원은 아이의 안전을 위한 금지 사항이 별로 없습니다. 나무 위에 올라가도 괜찮습니다. 그러나 단, 조건이 있습니다. 자기 팔뚝보다 뚱뚱한 나무라면 올라가도 괜찮습니다. 산속에서 불을 피워 놀아도 괜찮습니다. '불을 피워 귤이나 마시멜로를 구워 먹는 모습', '산속에서 발견한 큼직한 얼음덩어리를 불에 녹이는 놀이'를 하는 장면이 아직도 필자의 기억에는 생생합니다.

매년 방문 때마다 이런 광경을 보기 때문에 필자에게는 특별한 모습으로 와닿지는 않습니다. 그러나 우리 학생들은 매우 놀라워합니다.

그런데 그 해는 나로서도 조금은 '괜찮을까?' 하는 광경이 눈에 들어왔습니다. 아직 세 살밖에 되지 않은 어린아이들이 산 아래쪽에서 목공놀이를 하면 장면이 눈에 들어왔습니다. 가까이 가보았습니다. 아이들의 손에 쥐어져 있는 망치와 못은 장난감이 아니었습니다. 진짜 장난감 망치와 못이었습니다. 아이들이 나무토막 위에 진짜 못을 갖다 대고 망치로 '탕~ 탕~' 내리치는 모습은 마치 목공수가 자기 집을 짓는 것처럼 진지했습니다.

이날 유치원을 떠나기 전, 우리 일행은 원장과의 간담회를 했습니다. 학생들은 궁금증이 많았습니다. 학생들의 질문에는 매년 빠지지 않는 질문이 하나 있습니다.

"아이들이 다치지 않나요?"

원장은 이 질문을 예상이나 한 듯이 미소 지으며 이렇게 대답했습니다.

"아이들은 다치지 않습니다. 아이들이 다치는 곳은 위험한 산속이 아니라, 오히려 안전한 앞마당입니다."

까진 무릎은 축복이다!

"경험은 최고의 교사이다. 그러나 수업료가 비싸다."라고 말한 영국의 비평가 토머스 칼라일(Thomas, C.)의 말은 특히 안전교육에는 최고의 명언입니다. 〈안전학〉의 학습에는 경험 이상으로 좋은 교육은 없습니다. 물론 여기에서 말하는 경험이란, 다치거나 하는 '실패 경험'을 말합니다. 그러기에 그 수업료는 비쌉니다.

앞에서 목공놀이를 하는 세 살 아이들의 모습을 소개하였습니다만, 아이들이 망치의 무서움을 알기 위해서는 망치가 자신의 손을 쳤을 때 비로소 깨달을 수가 있습니다. 이때 아이는 자기 자신에게 이렇게 되뇔지도 모릅니다.

"이제 조심해야지."

그런데 왜 우리는 "까진 무릎은 축복이다."라고 하는 가치관을 소유하지 못하는 것일까요? 그 이유는 다음 두 가지 중에 하나라고 생각합니다.

하나는 어릴 때의 까진 무릎, 즉 작은 상처는 미래의 큰 사고를 예방하는 데 도움이 된다고 하는 믿음보다는 지금 현재 어른 자신의 불안 해소가 우선이기 때문입니다.

아니면 어릴 때의 까진 무릎보다 놀이를 통한 쾌감이나 성취감이 발달적으로 더 중요하다는 사실을 모르기 때문일지도 모릅니다.

2017년 8월, 필자는 일본의 동북 지방의 미야기현(宮城県)에 있는 한 대학 부설 숲 어린이집(子ども園)[2]을 방문하였습니다. 어린이집 건물은 주위가 모두 숲으로 둘러싸여 있고, 건물도 방갈로 같아서 마치 휴양지의 펜션 같은 느낌이 들었습니다.

교실 안에는 그림 동화책이나 장난감 등 놀잇감이 별로 없었습니다. 휑한 교실을 보면서 아이들이 실내보다는 밖에서 주로 놀고 있구나, 라는 생각이 들었습니다. 잡초로 무성한 넓은 마당은 인공적으로 손을 댄 흔적은 전혀 보이지 않았습니다. 뒷마당 산 쪽에는 아이들이 불을 피워서 논 흔적이 보였습니다.

어린이집 현관 앞에는 액자가 하나 걸려 있었습니다. 그 액자에는 새장에 갇힌 새가 그려져 있고, 그 밑에 다음과 같은 글귀가 적혀 있었습니다.

"살아가는 힘의 육성이란,
안전과 안심의 벽을 부수고
아이를 자연으로 내보내는 것이다!"

새장의 새는 안전합니다. 그러나 이 새는 자연 속에 스스로 살아가는 힘을 소유하기란 쉽지 않습니다. 만일 아이도 새장의 새처럼 어른이 제공하는 안전에 머물러 있다면 '살아가는 힘'을 소유하기란 쉽지 않을 것입니다.

'마인드 원더링(Mind Wandering)'이라는 단어가 있습니다. "지금, 이 순간에 눈앞에 일어나는 현상에 구속받지 않고, 지금과는 전혀 다른 생각을 펼쳐나가는 상태", 즉 '마음의 방랑자'와 같은 상태를 말합니다.

마음의 방랑자는 무한대로 상상력이나 창의적 사고를 발달시켜 나갈 수가 있습니다. 그렇다면 아이의 상상력이나 창의적 사고를 발달시켜주는 마음의 방랑자가 될 수 있는 곳은 어디일까요?

그곳은 자연입니다.

아이들이 마음의 방랑자가 되어 자신의 세계를 마음껏 펼칠 수 있는 곳은 정형화되고 인공적인 놀잇감으로 가득한 교실이 아니라, 무형적이고 위험한 놀잇감으로 가득한 자연이라고 하는 교실입니다.

그러나 그곳에서는 아이들이 다칠 수도 있습니다. 실패할 수도 있습니다. 하지만 그곳은 창의력의 원천이 되는 풍부한 감성과 무한한 상상력의 탄생이라고 선물이 기다리고 있습니다. 만일 아이들이 다치는 게 두려워서 언제까지나 안심과 안전의 벽 안에 가두어 버리면 그 선물을 아이들에게 줄 수 없습니다.

21세기 현존하고 있는 세계 지성인 가운데 한 사람, MIT 공과대학 언어학 교수, 노엄 촘스키(Noam, C.) 박사는 이렇게 말했습니다.

"인간의 발달이나 경제발전의 원천은 기능적인 인간에게서 나오는 게 아니라, 창의성에서 나온다."

아이들을 '안전과 안심의 벽'에 가두어 버리는 상황에서는 '정형화된 사고'와 '빈곤한 상상력' 외에 기대할 것은 없습니다. 이렇게 보면 안전한 환경에 대한 집착은 안전에 대해 무력한 아이의 육성 문제만이 아니라, 인류발전의 측면에서 손익계산을 해보면 엄청 손해 보는 장사를 하는 셈이 됩니다. 그래서 일본의 교토대학 나스 코스케(那須耕介) 교수는 이런 말을 말했는지도 모릅니다.

"안전과 안심은 인류를 멸망시킨다."

종결편

전갈과 여우 이야기

우화(寓話)[1] 가운데 『전갈과 여우』 이야기가 있습니다. 본서는 이제 이 이야기로 마무리하고자 합니다.

전갈이 강가를 거닐면서 강 건너편으로 건너가고 싶어졌습니다. 자신이 있는 강 이쪽에는 더는 먹이가 없어서 여기 계속 있다가는 죽을 수 있다고 생각했기 때문입니다. 그래서 강 건너편으로 가길 원했습니다. 그런데 강을 무사히 건너기 위해서는 강의 폭이 좁고 강물의 흐름도 그렇게 세지 않는 곳을 찾아야만 했습니다. 무엇보다도 문제는 자신은 수영을 못하기 때문에 혼자서는 강 저쪽 건너편으로 건너갈 수 없었습니다. 이런 고민을 하던 중 때마침 한 마리의 여우가 나타났습니다. 그 여우도 때마침 강 건너편으로 헤엄쳐 건너려고 하고 있던 참이었습니다. 전갈은 여우에게 다가가 이렇게 말했습니다.

"강을 가장 손쉽게 건너갈 수 있는 위치를 알려 줄 테니 나를 등에 태워주지 않을래?"

하지만 여우는 전갈의 제안을 거부했습니다. 전갈은 독이 있어 그 독침에 쏘이게 되면 자신이 죽게 될지도 모른다는 사실을 잘 알고 있었기 때문입니다. 그러자 전갈은 이렇게 말했습니다.

"강을 건너갈 때 내가 만일 자네를 독침으로 쏘아버리면 자네가 죽게 되겠지. 하지만 생각해보게. 그러면 자네 등에 타고 있는 나도 물에 빠져 죽게 될 걸일세. 그러니까 그런 바보스러운 걱정은 하지 않아도 되네."

맞는 말입니다.

전갈과 여우는 운명 공동체이며 윈윈의 관계에 있습니다.

이 때문에 전갈은 결코 여우에게 독침을 쏘지는 않을 것입니다. 여우는 전갈의 말을 믿었습니다. 그리고 여우는 전갈이 가르쳐 준 가장 좋은 위치에서 전갈을 등에 업고 강 건너편으로 헤엄치기 시작했습니다. 그런데 강 중간 정도를 지나갈 때쯤, 여우는 등에서 강한 통증을 느끼기 시작했습니다. 전갈이 독침을 쏘아버린 것입니다.

"전갈 양반, 나에게 무슨 짓을 했소. 약속하지 않았소? 이제 당신도 죽게 되잖소."

"여우 양반, 나도 모르겠소. 하지만 이게 내 태생적 기질인 걸, 나도 어쩔 수 없소."

합리적으로 생각하면 전갈은 독침을 쏘면 자신의 생명도 잃게 된다는 걸 알고 있었다고 할 수 있습니다. 하지만 누군가에게 독침을 쏘아야만 하는 기질을 갖고 태어난 전갈은 독침을 쏘지 않고서는 견딜 수가 없었던 같습니다.

이 이야기에서 우리는 전갈을 어리석고 불합리한 생명체라고 간단하게 정리할 수 있을까요? 우리 사회는 '아이를 위한 훌륭한 양육법'이라고 궤변을 늘어놓을 뿐, 우리도 전갈처럼 아이의 영혼에 독침을 쏘고 있는 어리석고 불합리한 존재가 아닐까요?

참고 문헌

1장

1 Yuval, N. H.(2011). 『SAPIENS: A Brief History of Hunmankind』 Copyright ⓒ Yuval Noah Harai(サピエン：文明の構造と人類の幸福.柴田裕之訳、河出書房新社)

2 Weiner, E.(2008). *The geography of bliss: One grump's search for the happiest places in the world*. New York: Twelve.

3 Peterson, C.(2013). 『Pursuing the Good Life: 100 Reflections on Positive Psychology.』 Copyright ⓒ 2013 by Oxford University Press.

4 Peter, S.(1962). "Freedom and Resentment." *Proceeding of the British Academy*, 48: 1-25.

5 Brian, R. L.(2016). 『ME, MYSELF, AND US: The Science of Personality and the Art of Well-Being.』(児島修訳、ハーバードの心理学講義、大和書房).

2장

1 Erich, F.(1956). 『The Art of Loving』(‘愛するということ’、鈴木訳、紀伊國屋書店).

2 Syed, M.(2021).『The Power of Diverse Thinking』(‘多様性の科学’、Discover).

3 Label France, no 43, avril 2001(牧陽子, 2014. 『産める国 フランスの子育て事情』 明石書店).

4 廣井亮一(2023). 『悪さをしない子は悪人になります』新潮社.

5 養老孟司(2023). 『子どもが心配』PHP新書.

3장

1 Brooks, D.(2006). "Marshmallows and Publice Policy", New York Times, May 7.

2 Mischel, W., and Brooks, D.(2011). "The News from Psychological Sicence: A Conversation between David Brooks and Walter Mischel, "*Perspectives on Psychological Science* 6, no.6: 515-520.

3 Mischel, W.(2014). 『The Marshmallow Test : Mastering self-Control』(『マシュマロ·テスト』 柴田やすし訳, 早川書房.

4 Mischel, W. Shoda, Y., and Rodriguez, M. L.(1989). "Delay of Gratification in Children." Science 244, No. 4907: 933-938.

5 Goleman, D.(2005). *Emotional Intelligence: The 10th Anniversary Edition*(New York: Bantam Books) 80-83.

6 Mischel, W.(1961). "Father Absence and Delay of Gratification: Cross-Cultural Comparison", *Journal of Abnormal and Social Psychology* 63, No. 1: 116-124.

7 ターリ・シャーロット(2019). 『事実はなぜ人の意見を変えられないのか(上原直子訳)』 白揚社.

8 Mischel, W. Shoda, Y., and Rodriguez, M. L.(1989). "Delay of Gratification in Children." Science 244, No. 4907: 933-938.

9 O'Connor, E., and McCartney, K.(2007). Examining teacher-child relationships and achievement as part of an ecological model of

development. American Educational Research Journal, No. 44: 340-369.
10 James, J. Heckman(2013). 『Giving Kids A Fair Chance(幼児教育の経済学）古草秀子訳』 東洋経済.
11 Livio, M.(2013). 『偉大なる失敗(千葉敏生訳)』 早川書房.
12 DeSteno, D.(2014). 『The trust about Trust』(寺町朋子訳、『信頼はなぜ裏切られるのか』白揚社).
13 養老孟司(2023). 『子どもが心配』PHP新書.
14 Richard, M.(『子育ての大誤解』Judith Rich Harris(1998) 石田理恵訳,早川書房 2017).

4장

1 Hood, B.(1995). "Gravity rules for 2-to 4-year-olds." *Cognitive Development* 10: 577-598.

2 Corriveau, K. H., Harris, P. L.(2009). "Choosing your information Weighing familiarity and recent accuracy." *Developmental* Science 12: 426-437.

3 Corriveau, K. H., Harris, P. L.(2009). "Young children's trust in their mother's claims: Longitudinal links with attachment security in infancy." *Cognitive Development* 80: 750-761.

4 Sabbafh, M. A., and Shafman, D.(2009). "How children block learning from ignorant speakers." *Cognition* 112: 415-422.

5 DeSteno, D.(2014). 『The trust about Trust』(寺町朋子訳、『信頼はなぜ裏切られるのか』白揚社).

6 Kinzler, K. D., Corriveau, K. H., and Harris, P. L.(2010). "Children's selective trust in native accented speakers." *Developmental* Science 14: 106-111.

7 DeSteno, D.(2014). 『The trust about Trust』(寺町朋子訳、『信頼はなぜ裏切られるのか』白揚社).

5장

1 오세아니아 일부이며 뉴질랜드, 하와이 제도, 그리고 이스터섬을 잇는 이른바 '폴리네시아 삼각형' 안의 1000개 이상 섬들의 집단을 말한다. 폴리네시아란 이름은 그리스어로 '많은 섬'이라는 뜻.
2 祖父江孝男(2014). 『文化人類学入門』 中公新書.
3 Livio, M. (2013). 千葉敏生訳 『偉大なる失敗』 早川書房.
4 吉成真由美(2013). 『知の逆転：第二章 帝国主義の終わり』 NHK出版新書(N. Chomsky).
5 Syed, M. (2021). 『The Power of Diverse Thinking』 (多様性の科学、Discover).
6 Malaguzzi. L.(1993). 『History, ideas and basic philosophy』 in Edwards, C., Gandini, L. and Forman, G. (eds) *The Hundred Languages of Children*, Norwood, NJ: Ablex.(「天才」は学校で育たない、汐見稔幸ポプラ新書 2017).
7 Livio, M. (2013). 千葉敏生訳 『偉大なる失敗』 早川書房(아인슈타인의 1955년 3월 자신의 마지막 자선적 기록).
8 岡典子(2023). 『沈黙の勇者たち 』 新潮選書.
9 岩竹美加子(2019). 『フィランドの教育はなぜ世界一なのか』 新潮選書.
10 高崎順子(2016). 『フランスはどう少子化を克服したか』 新潮新書.
11 小林朝夫(2010). 『フィランド式教育法』 青春出版社.

6장

1 牧陽子 (2014).『産める国フランスの子育て事情』明石書店.

2 牧陽子 (2014).『産める国フランスの子育て事情』明石書店.

3 Harris, J. R.『育児の大誤解(2020』関口正司訳、岩波文庫.

4 Mill, J. S. 'On Liberty' 『育児の大誤解』 (2020). 関口正司訳、岩波文庫.

5 若林巴子(2024).『子どもの'逆境'を救え』 日本評論社.

6 Agamben, G.(2021).『私たちはどこにいるのか？(高桑和巳訳)』青土社.

7 筒井清輝(2023).『人権と国家：理念の力と国際政治の現実』岩波新書.

8 Ortega, y G.(1995).『大衆の反逆（神吉敬三訳)』ちくま学芸文庫.

7장

1 廣井亮一(2023).『悪さをしない子は悪人になります』新潮社.

2 Storr, A.(1968).『人間の攻撃心(高橋哲郎訳) 1973』晶文社.

3 Kohut, H(1977).『自己の修復(本城秀次の外１人, 訳, 1995)』みすず書房.

4 梅澤礼(2023).『犯罪へ至る心理：エティエンヌ ド グレーフの思想と人生』光文社新書(De Greeff의 글).

8장

1 那須耕助(2019).『京大変人講座：３. 人間は“おおざっぱ”がちょうどいい一安心、安全が人類を滅ぼす』 三笠書房.

2 宮城学院女子大学付属認定子ども園

종결편: 전갈과 여우 이야기

1 작자 미상. 『전갈과 개구리』 이야기로 전해지기도 함.